# 스포츠는 통한다

**기영노 지음**

## 스포츠는 통한다

−남북 만남과 교류의 열쇠, 북한 스포츠를 알자!

2019년 9월  2일 초판 1쇄
2020년 8월 13일 초판 2쇄

**지은이** 기영노

**편  집** 김희중
**디자인** design THE≈WAVE
**제  작** 영신사

**펴낸이** 장의덕
**펴낸곳** 도서출판 개마고원
**등  록** 1989년 9월 4일 제2-877호
**주  소** 경기도 고양시 일산동구 호수로 662 삼성라끄빌 1018호
**전  화** 031-907-1012, 1018
**팩  스** 031-907-1044
**이메일** webmaster@kaema.co.kr

**ISBN 978-89-5769-460-2 03690**

• 책값은 뒤표지에 표기되어 있습니다.
• 파본은 구입하신 서점에서 교환해 드립니다.

# 스포츠는 통★한다

### 남북 만남과 교류의 열쇠, 북한 스포츠를 알자!

**기영노 지음**

개마고원

# 머리말

1914년 크리스마스 무렵. 금방 끝날 줄 알았던 전쟁은 오늘날 제1차 세계대전으로 불리는 비극으로 커져갔고, 수많은 이들의 목숨이 전쟁에서 사라져가고 있었다. 희생만 커지는 참호전에 양측 모두 지쳐가던 그때 어디선가 크리스마스 캐롤이 흘러나왔다. 누가 먼저 시작했는지는 몰라도, 영국군도 독일군도 함께 노래를 흥얼거렸다.

양쪽의 병사들은 크리스마스 트리를 세우고, 참호 위로 몸을 드러내 서로 인사를 하더니, 이윽고 중간에서 만나 악수까지 나누었다. 서류도 조약도 없었지만, 자연스럽게 정전停戰이 이루어진 것이다. 싸움을 멈추고 함께 교류하려는 화합의 시간, 여기에 빠져서는 안 될 것이 있다. 그렇다. 바로 스포츠다! 영국군과 독일군은 함께 축구를 하며 총탄 대신 공을 주고받았다.

이것이 유명한 '크리스마스 정전'의 이야기다. 믿기지 않겠지만 수많은 기록과 사진이 증거하는 실화다. 두 나라 군인들의 축구 시합도 사진으로 남아 있다.(여담이지만, 시합은 독일이 3대2로 이겼다고 한다.)

스포츠 평론가인 필자는 이 이야기에서 스포츠의 효능에 주목하게 된다. 나라가 달라도, 언어가 달라도, 종교나 이념이 달라도 스포츠는 서로 통한다. 스포츠는 인간의 원초적 유희 본능에서 비롯되는 것으로, 잘 모르거나 심지어 사이가 험악한 상대와도 함께 할 수 있는 가장 쉬운 활동이다. 고대부터 스포츠를 평화 추구의 수단으로 사용해온 것도 그런 이유다. 올림픽 역시 고대 그리스 도시국가들 간의 전쟁을 휴전하려는 목적으로 개최된 것이 시초다. 어제까지 죽일 듯이 싸우던 상대라도, 축구 시합 한 판을 같이 할 수 있고 그러면서 상대를 가까이하고 이해할 수 있다.

평화와 화합을 도모하는 스포츠의 기능은 우리에게도 익숙하다. 그동안 국제사회에서는 정치로 해결하지 못한 난제들을 스포츠를 매개로 풀어 오곤 했었다. 1970년대 중국이 죽의 장막을 뚫고 나온 '핑퐁외교'가 대표적이다. 경직된 남북관계 역시 그 긴장의 매듭을 풀어내는 데 스포츠가 일조하곤 했던 경험이 적지 않다. 앞으로도 남북경협을 통한 한반도 평화경제의 실현이나, 종전협정과 같은 남북간의 다른 중차대한 과제에서도 스포츠가 그 촉진체가 될 가능성이 매우 높다. 스포츠인의 한 사람으로서 기대가 크다.

이 책은 북한 스포츠를 더 잘 이해하는 것이 남북평화의 촉진제인 스포츠 교류에 보탬이 될 수 있다는 생각으로 집필했다. 북한의 정치나 경제에 대해서는 그래도 많은 문헌과 자료가 나와 있지만, 스포츠에 대해서는 제대로 된 책 하나 없는 실정이다. '북한 스포츠는 체제 선전의 수단'이라는 식의 피상적 이해에 머무는 정도이며, 그래서인지 '국제경기에서 북한이 참패하면 선수와 감독이 아오지 탄광에 간다'는 이야기가 정설처럼 돌아다니기도 한다. 이런 사정을 조금이나마 개선하고자 이 책에서 북한의 엘리트 체육뿐만 아니라 북한 인민들의 생활체육, 북한의 스포츠 제도, 남북한 스포츠 교류·대결사 등 북한 스포츠에 대한 전반적 정보를 바르게 담기 위해 노력했다. 북한이 워낙 폐쇄적이고 정보가 공개되지 않은 나라라 책 내용에도 부족함이 많을 것이다. 독자들의 이해와 아량을 바란다.

이제 2000년 시드니 올림픽에서 사상 처음으로 남북한이 공동입장을 한 지 20년이 되어간다. 2020년의 도쿄 올림픽에서는 꼭 단일팀 출전까지 실현되었으면 하는 바람이다. 이 책이 스포츠를 통한 남북의 상호 이해를 증진시키는 데 조금이라도 도움이 되었으면 좋겠다.

2019년 9월 서래마을에서 기영노

**3장**

# 세계를 깜짝 놀라게 한 북한 스포츠

**4장**

# 대결과 교류를 이어온 남북 스포츠

**5장**

# 남북 단일팀의 역사

# 1장

# 북한 스포츠,
# 그것이
# 알고 싶다

# 김일성-김정일-김정은
# 3대의 체육정책

　김일성-김정일-김정은 3대의 체육정책은 체육을 사회주의 체제의 우월성을 알리는 데 이용했다는 점과, 그 방편으로 '선택과 집중'을 통해 스타플레이어를 적극 발굴했다는 공통점이 있다. 이른바 '스포츠 국가주의'의 일환이라 하겠다. 종목별로는 3대가 모두 체조 및 축구와 탁구를 기반으로 했는데, 특히 김정일과 김정은은 농구를 선호했다.

　김일성 시대는 1945년부터 1990년대까지 40여 년 정도로 볼 수 있는데, 정권 초기부터 마르크스-레닌주의에 기반을 둔 구소련의 체육정책을 받아들였다. 마르크스-레닌주의는 중앙당의 권력이 매우 강하여 군소 분파의 정치적 권리가 없고, 권력 구조의 비민주성으로 인해 매우 권위주의적인 체제를 만들어낸 탓에 체육은 그저 인민을 통제하기 위한 하나의 장치로 기능했다.

　1950년대 후반부터는 마르크스-레닌주의를 벤치마킹한 '주체사상'을 내세웠다. 북한 특유의 이 주체사상이 사회 전반을 압도하는 가운데 종교나 학계는 많은 탄압을 받았지만, 체육은 국방과 연결된다는 의식이 있어서인지 다른 분야에 비해 비교적 장려되었다. 주체사상에서 나온 '주체체육'을 중심으로 체육의 대중화·생활화 정책을 통해 노동력과 국방력을 강화했다.

김일성 정권 중·후반부터는 엘리트 체육도 발전시켜 적극적으로 체제 선전에 이용했다. 이 시기에 육상에서 신금단이 비공인이지만 세계 신기록을 세우고, 빙상에서 한필화가 올림픽 메달을 따내는 성과를 올렸으며, 1966년의 영국 월드컵에서는 북한 축구팀이 8강에 진출해 세계를 깜짝 놀라게 하기도 했다.

이어진 김정일 시대는 1990년대부터 2011년까지 20여 년간으로, 아버지 김일성의 '주체체육'을 계승했지만 구소련 등 사회주의 국가들의 붕괴와 경제 침체로 체육 기반이 많이 약화되었다. 인민들의 먹고 사는 문제가 심각해지면서 체육정책은 김일성 시대보다 소극적일 수밖에 없었다.

그런 가운데서도 김정일은 농구를 아주 좋아해서 농구의 확산을 장려했는데, 경기 종료 2초 전에 넣는 슛은 무조건 8점을 줘서 극적인 역전이 가능하게 하는 등 북한만의 '로컬 룰'을 도입하기도 했다. 김정일 시대의 대표적 스포츠 스타는 1999년 세비아 세계육상선수권대회 여자마라톤에서 깜짝 우승을 차지한 정성옥이라 할 수 있다. 북한 정권은 정성옥에게 '공화국영웅' 칭호를 부여하는 한편, 혹여 그 명성에 흠집이라도 날까봐 이듬해 열린 2000 년 시드니 올림픽에는 나가지 못하게 하는 등 애지중지하기도 했다.

2012년부터 시작된 3대째 지도자 김정은의 시대는 아버지와 할아버지대의 '주체체육'을 바탕으로, 정권 초기부터 '체육강국 건설'을 전면에 내세우며 체육정책의 중요성을 강조했다. 가장 큰 특징은 체육에다 경제 발전과 김정일 시대의 애국주의를 복합적으로 연결하여 자신의 취약한 지지기반을 강화하고자 한 점이다.

사실 한 사회의 역량을 대내외에 선전하는 데는 스포츠만한 것도 없을 것이다. 스포츠로 체제의 우월성을 선전하는 건 북한만이 아니라, 남한이나 여타 세계의 다른 국가들도 마찬가지다. 김정은은 2012년 권력을 장악하자마자 국가체육지도위원회를 만들었을 뿐 아니라, 군부대나 경제 현장 못지않게 스포츠 경기장이나 행사장도 많이 방문했다. 또한 평양국제축구학교를 비롯해 마식령 스키장과 미림승마클럽, 문수물놀이장 등 체육시설 확충에도 진력하고 있다. 1980년대 미국 프로농구 시카고 불스팀에서 마이클 조던과 함께 활약했던 데니스 로드맨을 다섯 차례나 초청해서 함께 농구경기를 관람했던 것도 그런 정책의 일환으로 볼 수 있다.

# 김정은과 '머니볼'

　김정은은 할아버지 김일성은 물론 농구광이었던 아버지 김정일보다 체제 선전에서 체육의 비중을 더 높이고 있다. 정권을 잡은 지 1년이 채 되지 않아 "북한 전역에 체육열풍을 불게 하라"고 직접 지시를 하는 등 '체육 굴기'를 내세울 만큼.

　북한 체육의 기조인 '선택과 집중'은 그대로 유지하는 가운데 보다 가성비가 높은 정책을 선호하는 편인데, 그가 벤치마킹한 것은 '머니볼', 즉 저비용·고효율 전략이라 할 수 있다. 체육 관련 업무를 총괄하는 기구인 '국가체육지도위원회'를 2012년에 신설하고, 체육의 과학화는 물론 엘리트 선수를 효과적으로 양성하기 위한 연구를 지속적으로 추진하도록 했다. 실제로 이후 북한 체육은 그전보다 훨씬 좋은 성적을 올리고 있다.

　2012년 런던 올림픽에는 레슬링·역도 등 11개 종목 56명의 선수가 출전해서 금메달 4개를 따내며 종합 20위에 올랐다. 이어

2013년 동아시아축구대회, 2014년 인천 아시안게임과 브라질 월드컵 아시아지역 예선 그리고 2018년 평창 동계올림픽과 자카르타-팔렘방 아시안게임 등 메이저대회에 빠짐없이 선수들을 파견하면서 대외적으로는 북한 체제를 선전하고, 대내적으로는 '애국사업'으로까지 승격된 체육사업을 알리는 데 주력하고 있다.

과거 김일성·김정일도 크고 작은 국제대회에서 좋은 성적을 올리면 인민체육인·공훈체육인 등의 호칭을 붙여주면서 보상을 해왔으나, 김정은은 체육인들을 선대先代들보다 훨씬 더 우대해줘서 북한에서는 '이러다 평양에 체육인거리가 생길지도 모른다'는 말까지 나돌 정도다.

더욱 파격적인 일은 집권 2년차인 2013년 평양시에 유소년 대상의 '평양국제축구학교'를 만들도록 한 것이다. 폐쇄적인 사회인 북한에서는 상상도 할 수 없는 사업이 아닐 수 없었다. 단순히 학교만 세운 것이 아니라 스페인·독일·노르웨이 등 해외에서 코치들도 초빙해오고, 2017년 말 이후로는 축구 유망주들을 무려 30명이나 유럽에 축구 유학을 보내거나 프로리그에 입단시키기까지 했다. 대표적인 예로 2017년 이탈리아 세리에A(이탈리아의 프로축구 1부리그. 2부리그는 세리에B)로 데뷔한 한광성 선수를 꼽을 수 있다. 그 후 세리에B의 페루자 팀으로 임대되었지만, 그곳에서 해트트릭도 기록하는 등 가능성을 보이고 있다. 미남형의 얼굴에 천부적인 축구감각 그리고 밸런스를 잘 갖추고 있어 스타의 자질이 충

2016년 김정은이 북한의 체육촌인 청춘거리에 새로 건설한 평양체육기자재공장에 방문해 여러 스포츠 용품을 살펴보고 있다. 김정은. 그는 아버지와 할아버지 시절보다 더 스포츠 정책에 적극적이다. 국제대회에도 적극 참여하는 등 스포츠를 통해 북한 체제의 건재함을 알리는 한편 외부와의 교류를 시도하는 모습이다.(사진=연합뉴스)

분하다.

한광성 선수는 2015년 『가디언』이 선정한 세계축구유망주 50명 안에 동갑내기인 남한의 이승우 선수와 함께 포함되었고, 연봉 160만 유로(20억여 원) 이상을 받고 있다.(현지에서의 생활비 200만 원 정도만 빼고 모두 북한으로 송금된다고 한다.) 한광성 선수 외에도 정일관(스위스 루체른), 박광룡(오스트리아 창 폴텐), 최성혁(이탈리아 US아레초), 리영직(일본 도쿄 베르디), 김성기(일본 미토 홀리호크) 등의 해외파 선수들이 있다. 이들은 국제경기가 있으면 북한의 국가

대표로 합류한다.

한편으로 외국인 감독도 받아들였다. 인천 유나이티드팀 감독으로 있던 노르웨이 출신의 욘 안데르센 감독은 2016년 5월부터 2018년 3월까지 20개월 동안 북한 축구대표팀을 맡았다. 그는 "만약 유엔과 미국의 제재가 없었다면 북한 축구대표팀을 계속해서 맡았을 것이다. 북한 대표팀을 맡았을 때 평양에 있는 호텔에 머물렀는데, 연봉도 잘 나왔고 훈련 여건도 나쁘지 않았다. 김정은의 관심도 매우 커서 선수들의 사기가 매우 높았었다"고 회고한다. 그러나 북한에 대한 유엔과 미국의 경제제재로 달러 수급이 잘 되지 않아 연봉 지급이 어려워지면서 그는 북한을 떠나게 되었다.

# 총성 없는
# 이념전쟁

한반도에 38선이 그어지고 유엔의 감독 아래 남한만의 단독 선거로 '대한민국'이 탄생했다. 그해에 치러진 1948년 런던 올림픽에 한국은 사상 최초로 선수단을 파견했다. 이는 1년 전 국제올림픽위원회IOC의 헌장에 따라 대한올림픽위원회KOC가 한반도의 유일하고 합법적인 국가단위 올림픽위원회NOC로 승인을 받았기 때문에 가능한 일이었다.

이후 1952년 북한도 헬싱키 올림픽에 출전하려고 핀란드 국경까지 선수단을 보냈었지만, 그들은 국경을 넘어갈 수 없었다. 북한의 NOC가 IOC의 승인을 받지 못했기 때문에 핀란드로서는 북한이 국경을 넘어오는 것을 허락할 수 없었던 것이다.

북한의 NOC는 한국보다 13년이 늦은 1960년에야 IOC로부터 승인을 받을 수 있었고, 비로소 1964년 인스부르크 동계올림픽부터 올림픽에 출전할 수 있었다. 그리고 같은 해에 치러진 도쿄 올림픽에도 출전하기 위해 도쿄까지 갔지만, 1962년 인도네시아 자카르타에서 열린 신흥국가경기대회The Game of the New Emerging Force(가네포GANEPO 대회라고도 불림)에 출전했었던 신금단 등 육상선수들의 올림픽 출전 자격이 박탈된 데 불만을 품고 철수해버렸다. 또 1968년 멕시코시티 올림픽에서는 국명 호칭이 DPRK(조선민주주의인민공화국Democratic People's Republic of Korea)가 아닌 North Korea로 정해진 데 반발하여 출전하지 않았다.

사실 IOC는 1956년 코르티나담페초 동계올림픽과 멜버른 하계올림픽, 1960년 스쿼벨리 동계올림픽과 로마 하계올림픽 그리고 1964년 인스부르크 동계올림픽과 도쿄 하계올림픽까지 동·서독 올림픽 단일팀을 성사시켰다. 그래서 남·북한도 같은 방식을 적용해서 올림픽에 단일팀을 구성해 출전하도록 종용했다. 이에 남과 북의 올림픽 관계자들이 1963년 1월 스위스 로잔에 있는 IOC 본부에서 오토 마이어Otto Mayer 사무총장의 사회로 단일팀 구성을 심도 있게 논의했다. 당시 남북의 국가 대신 〈아리랑〉을 사용하고, 국기 대신 오륜마크 위에 KOREA를 넣은 깃발을 쓴다는 두 가지 사항을 결정하고 더 구체적인 것은 7월에 만나 최종 합의를 하기로 했다. 하지만, 그 후 만남 자체가 무산됨으로써 남북 단일팀 출전은 물거품이 되고 말았다.

그 뒤 북한은 한동안 올림픽에 나오지 않다가 1972년 삿포로 동계올림픽에 조선민주주의인민공화국DPRK의 이름으로 처음 참가를 했고, 1972년 뮌헨 하계올림픽에도 선수단을 파견했다. 뮌헨 올림픽은 남북이 분단 이후 처음으로 정면 대결하는 무대이기 때문에 두 나라의 선수단 분위기는 마치 전쟁에 나가는 병사들처럼 비장하기까지 했다. 직접 총칼로 맞붙지는 못하기에 '스포츠'가 두 체제 간 힘의 우열을 가릴 수 있는 수단이 되었던 것이다.

당시 뮌헨 올림픽을 대비하던 대한체육회는 선수 조기 선발, 현지에 조기 파견 그리고 소수정예화를 원칙으로 하고, 지난 두 번의 올림픽(1964년 도쿄, 1968년 멕시코시티) 성적을 토대로 6위 이내 입상할 만한 종목에 한해서만 선수단을 출전시키기로 내부 방침을 정했다. 이윽고 1972년 5월 9일 선수강화위원회와 합동전형위원회 선발을 거친 복싱·유도·(여자)배구·역도·레슬링 5개 종목 39명의 선수단이 발표되었다.(이후 올림픽 지역예선을 통과한 남자배구, 현지에 가서 훈련중이던 사격선수들도 가세했다.) 당시 김택수 대한체육회장은 "국가대표 선수들의 식비를 대폭 인상한다"고 발표했으며, 그에 따라 하루 칼로리 섭취량을 4000칼로리까지 올리고 그 대신 훈련량을 대폭 늘렸다.

그러나 이런 준비에도 불구하고 1972년 8월 26일 현지시간 오후 3시부터 시작되어 한국이 56번째, 북한이 24번째로 입장하며 막이 오른 뮌헨 올림픽에서의 남북 대결은 북한의 완승으로 끝났다.

남북 복싱 대결에서는 라이트 플라이급에서 이석운 선수가 은메달을 딴 북한의 김우길 선수에게 판정패(1대3)를 당했고, 여자 배구 동메달 결정전에서도 2시간 20분 동안의 혈전을 벌인 끝에 0 대3으로 완패했다. 그리고 사격의 소구경소총 복사伏射에서 북한의 리호준이 599점으로 금메달을 따는 장면을 지켜봐야 했다. "원수의 심장을 겨누는 심정으로 총을 쐈다"는 그의 정치적 발언에, 남한 당국자들은 속이 꽤나 쓰렸을 것이다.

뮌헨 올림픽 최종 성적은 금메달 1개 은메달 1개 동메달 3개를 획득한 북한이 종합 22위였고, 남한은 재일동포 오승립 선수가 유도에서 동메달 1개를 따내 겨우 38위에 머물렀다.

그러나 불과 2년 후에 벌어진 1974년 테헤란 아시안게임에서는 달랐다. 남한이 금메달 16개 은메달 26개 동메달 15개로 종합 4위였고, 북한은 금메달 15개 은메달 14개 동메달 17개를 거둬 5위의 성적이었다. 적은 차이지만 남한이 앞선 것이다. 그리고 1976년 몬트리올 올림픽에서 양정모의 금메달을 포함해 은메달 1개 동메달 4개로 한국이 종합 19위, 북한은 복싱 구영조 선수의 금메달을 포함해 은메달 1개로 종합 22위에 머물면서 한국이 본격적으로 앞서가기 시작했다.

이렇게 한국이 북한에 앞서기 시작한 기점은 1970년대 중반 이후 엘리트 스포츠 지원을 위해 경기력향상연구연금(국민체육진흥공단)을 도입하고, 스포츠의 과학화 그리고 프로스포츠가 활성화되면서였다. 북한 역시 올림픽이나 세계선수권대회 또는 아시

1장 북한 스포츠, 그것이 알고 싶다

안게임에서 메달을 따는 선수에게 인민체육인·공훈체육인 등의 칭호 등을 부여하며 많은 상금과 혜택으로 격려했지만, 국제대회 성적이란 그 나라의 경제력과도 밀접한 관계가 있기 때문에 남한이 경제적으로 북한을 추월하면서 스포츠 성적도 역전되기 시작한 것이다.

1978년 방콕 아시안게임에서는 남한이 북한을 금메달 3개 차이로 앞섰고(18개와 15개), 1982년 뉴델리 아시안게임에서는 금메달 11개 차이(28개와 17개)로 더욱 격차가 벌어졌다. 이후로는 올림픽이나 아시안게임 같은 메이저대회에서 남한이 종합 10위 이내에서 순위를 다툰 반면 북한은 대체로 20~30위권에 머물렀다. 동계 종목은 더욱 차이를 보여, 남한이 10위권 이내라면 북한은 50위권 이하를 맴돌거나, 2014년 소치 올림픽의 경우처럼 아예 출전권이 한 장도 없어 참가하지 못하기도 했다.

# 북한 스포츠의 핵,
# 4·25체육단

4·25체육단은 평양시에 연고를 두고 있다.

'4·25'라는 클럽의 이름은 조선인민군 창건일인 4월 25일에서 유래했다. 국방부 조직인 인민무력부 소속으로 북한 최고의 명문 체육단체다. 신분은 전원 인민군 병사 또는 인민군 장교다. 우리로 치면 국군체육부대 '상무尚武'에 해당한다고 볼 수 있다. 상무가 전국체육대회에서 경기도의 종합 1위 달성에 결정적인 역할을 하고 있다면, 4·25체육단은 북한 스포츠의 절반 또는 그 이상으로 절대적 비중을 차지한다. 이 체육단에는 축구뿐만 아니라 사격·복싱 등을 주축으로 레슬링·유도·역도 등 개인종목 선수들도 다수 소속돼 있다.

지난 2014년 인천 아시안게임 때 북한은 11개의 금메달로, 2002년 부산 아시안게임 이후 12년 만에 톱10에 올랐는데, 금메달을 딴 북한 선수들 대부분이 4·25체육단 소속 선수들(역도의 김은국, 레슬링의 정학진 등)이었고, 역도에서 금메달을 딴 엄윤철 등 몇몇 선수만이 경찰조직인 압록강체육단 소속이었다.

북한은 1995년 김정일의 국방위원장 취임과 함께 선군先軍정 치, 즉 군대를 혁명의 기둥으로 내세워 사회주의 위업 전반을 밀고 나가는 정치방식을 취하고 있어서 4·25체육단은 당으로부터 전 폭적인 지원을 받는다. 선수 선발, 공급 그리고 운동을 할 수 있는 여건이 매우 잘 되어 있어, 일반 체육대학을 졸업한 학생들이 가장 가고 싶어 하는 곳이 바로 이 체육단이다. 유명 프로클럽들처럼 각 종목에서 유소년 팀도 육성하고 있다

그러나 4·25체육단도 항상 잘 나가는 건 아니다. 지난 2008년 베이징 올림픽이 고비였다. 금메달을 딴 역도의 박현숙 선수는 압 록강체육단 소속, 체조에서 금메달을 딴 홍은정 선수는 평양시체 육단 소속이었던 것이다. 4·25체육단의 성적은 동메달 1개(역도의 오종애)에 그쳐, 올림픽이 끝난 후 간부와 관련 지도요원들이 문책 을 받았다고 한다. 특히 간판선수인 사격의 김정수가 불미스럽게 도 도핑테스트에 걸려 국제적인 망신을 당한 것도 문책을 당한 이 유였다. 4·25체육단은 당으로부터 많은 지원을 받고 있기 때문에 국제대회에 나가면 당연히 최고의 성적으로 보답해야 한다는 부 담은 어쩔 수 없는 일이다.

한편 4·25체육단은 남한과의 체육 교류도 활발히 하고 있다. 2006년 남한의 민간단체인 남북체육교류협회와 협약을 체결하

## 북한 4·25체육단이 온다… 춘천에 '평화의 골' 터진다

4·25체육단은 훈련과 시합을 위해 남한에도 자주 왔었다. 스포츠는 분단의 벽을 비교적 쉽게 넘어다닐 수 있기 때문이다.(서울신문. 2018년 10월 23일)

고 지금까지 수십 차례 친선경기와 공동훈련을 남북한과 중국 등지에서 남한 팀들과 같이 해왔다. 남북체육교류협회가 2014년부터 개최한 아리스포츠컵 국제유소년축구대회에도 4·25체육단 유소년 축구팀이 매번 대회마다 출전했는데, 2018년에 열린 5회 대회까지 전부 우승을 차지하여 압도적인 실력을 보여주었다. 제6회 대회는 2019년 하반기 북한의 원산에서 열릴 예정이다.

# 정대세를 바라보는
# 불편한 시선

정대세는 수만 관중 앞에서 눈물을 흘리고 있었다. 북한 축구
대표팀 22명의 선수가 일렬로 길게 늘어선 가운데 정대세 혼자서
만 눈물을 훔치고 있었다. 아무리 상대팀이 지구 최강의 브라질이
라 하더라도 아직 경기가 시작되지도 않았는데 말이다. 2010년 6
월 15일 남아프리카공화국 요하네스버그 엘리스 파크. 남아공 월
드컵 G조 두번째 경기(브라질 대 북한)를 앞두고 북한 국가가 울려
퍼지던 순간이었다. 정대세는 눈시울이 붉어지더니 이내 눈물방
울을 떨구었다.

북한은 파워가 넘치는 공격수 정대세의 활약에 힘입어 1966년
영국 월드컵에서 세계를 깜짝 놀라게 한 이후 44년 만에 월드컵
본선에 오를 수 있었다. 북한은 사실 남아공 월드컵 아시아지역 최
종예선에서 본선 진출 가능성이 매우 낮았었다. 아시아에는 본선
티켓이 4.5장이 배정되었는데 우선 A, B 두 조에서 1, 2위를 차지

한 4팀은 본선에 직행했다. 각 조의 3위 팀은 홈 앤 어웨이 방식으로 플레이오프를 치르고, 그 경기의 승자가 오세아니아 지역 1위 팀과 마찬가지로 홈 앤 어웨이 방식으로 대륙 간 플레이오프를 치러서 이긴 팀이 최종적으로 본선에 오를 수 있었다. 당시 북한은 이란·사우디아라비아·아랍에미레이트·한국과 함께 B조에 속했는데, 3위에 오르기도 쉽지 않아 보였다.

그러나 북한은 한국, 이란에게는 1무1패로 밀렸지만 아랍에미레이트에게 2승을 거두고, 사우디아라비아와는 1승1무를 기록해 3승3무2패 승점 12점으로 한국(승점 16점)에 이어 조 2위로 사상 처음 월드컵 본선에 올랐다. 북한이 아시아의 강호 이란 등을 제치고 월드컵 본선에 진출하자, 국제축구연맹FIFA을 비롯해서 국제축구계와 언론들은 '인민대세' '인민루니' 또는 '인간 불도저'가 북한 축구를 신세계로 이끌었다며 추켜세웠다.

정대세로서는 월드컵 본선에서, 그것도 월드컵 또는 축구의 상징 브라질과 대등한 위치에서 인공기가 올라가고 국가가 울려 퍼지는 순간이 감격스러울 수밖에 없었을 것이다.

북한은 막강 브라질을 맞아 기존의 통상적인 포메이션을 아예 무시했다. 공격을 포기하다시피 골키퍼 리명국과 정대세 두 명을 제외한 9명의 필드플레이어가 모두 페널티박스를 막아서는 '9백'으로 맞섰다. 그러다 브라질 공격을 차단해 공을 잡게 되면 곧바로 전방에 홀로 서 있는 정대세에게 롱 패스를 했다.

그렇게 북한은 브라질의 파상 공격을 45분 동안이나 무실점으로 막아냈다. 그러나 후반 10분경 브라질의 마이콘이 북한의 밀집 수비를 뚫고 첫 골을 터트렸다. 0대1로 뒤지자 북한은 9백 수비를 풀고 라인을 끌어올리기 시작했으나 자연히 수비가 허술해지면서 엘라누에게 또 한 골을 허용, 0대2로 뒤지기 시작했다. 경기는 0대2로 끝나는가 싶었으나, 후반 44분경 정대세의 멋진 헤딩 어시스트를 받아 지윤남이 추격 골을 터트렸다.

브라질에 맞서 단 한 골 차(1대2)로 뒤지는 선에서 선전하자, 북한의 김정일이 북한 대표팀에게 포르투갈과의 2차전은 좀 더 공격적으로 나가면 이길 수도 있지 않겠느냐는 말을 했다는 소문이 나돌았다. 그게 사실인지 아닌지 북한은 세계 최고의 공격수 크리스티아누 호날두가 버티고 있는 포르투갈과의 경기에서 브라질전보다 라인을 약간 더 끌어올리고, 간혹 공격적으로 나가기도 했다. 그러나 마침 내린 비와 브라질전에서 지나치게 소비한 체력이 회복되지 않아서인지 무려 7골을 허용하며 넉다운되고 말았다.

최종적으로 북한은 브라질과 포르투갈에 비해 비교적 약체인 코트디브아르에게마저 0대3으로 완패를 당해 3전 전패(1득점, 12실점) 승점 0점으로 32개 팀 가운데 32위에 머물렀다. 정대세에게는 월드컵 진출에 감격하며 흘린 눈물만큼 아쉬운 결과였을 것이다.

정대세는 1984년 일본 아이치현 나고야에서 태어났다. 조부모

남한과 북한은 서로를 국가로 인정하지 않기 때문에 당연히 이중국적도 허용되지 않는다. 그런데 정대세는 사실상 두 나라 국적을 모두 가지고 있는 유일한 사례다. 스포츠계에서만 볼 수 있는 묘한 경우라 하겠다.(사진=연합뉴스)

가 한국인이라 재일동포 3세인 셈이다. 조부모가 한국 국적을 갖고 있었고, 정대세도 한국 국적을 취득했다. 그러나 어릴 때 조선학교에 다니면서 조총련(재일본조선인총연합회)의 영향을 많이 받았다. 그런 가운데 2006년 독일 월드컵 아시아지역 예선에서 북한이 일본에 패해 월드컵 본선 진출에 실패하는 것을 보며 북한 축구대표팀에 들어가 보탬이 되어야겠다는 생각을 하게 되었다.

그러나 대한민국 국적의 정대세는 현실적으로 북한 국적을 가질 수가 없었다. 정대세는 FIFA에 분단국가의 상황과 자신의 독특한 가족사를 설명한 자필 청원서를 보내는 등의 우여곡절 끝에 조선민주주의인민공화국 국가대표가 될 수 있었다. 물론 재일조선인축구협회의 도움이 결정적인 역할을 했다.

현재 정대세는 법적으로는 대한민국 국민이지만, 아시아축구연맹AFC을 비롯해서 국제축구계에서는 정대세의 특수한 개인사를 이유로 대한민국과 조선민주주의인민공화국 두 나라의 이중국적을 인정해주고 있다.

정대세는 일본의 도쿄에 있는 조선대학교를 졸업했고, 일본 프로축구 J리그 가와사키 프론탈레, 독일 프로축구 분데스리가 보훔과 쾰른 두 팀을 거쳐 2013년부터 2015년 7월까지는 K리그 수원삼성에서 뛰다가, 2015년 8월부터 일본 J리그 시미즈 S펄스팀에서 활약하고 있다. 2019년 현재 클럽팀에서 114골, 북한 대표팀에서 2006년부터 2011년까지 5년 동안 33경기에서 15골을 넣었다.

# <천리마축구단>의
# 놀라운 이야기

한국에 새마을운동이 있다면, 북한에는 천리마운동이 있다. 북한의 천리마운동은 중국의 '대약진운동'에서 아이디어를 얻어 1958년 김일성의 지시로 시작되었다. 당시 북한은 자본은 물론 물자·기술 등이 부족해서 인민의 자발적 역량을 총동원해야 했고, 이를 위한 집단적 증산운동이 천리마운동이었다. 북한은 천리마운동 때문에 '대동강의 기적'이 이뤄졌다고 선전하고 있으나, 이는 사실과는 거리가 멀다. 중국의 대약진운동이 실패로 끝났듯이 북한의 천리마운동도 성공하지 못했다고 보는 것이 북한 내부 사정을 잘 아는 사람들의 평가다.

그런데 천리마운동의 정신이 북한 스포츠에 스며들어 성과를 이루어내기도 했다. 바로 1966년 영국 월드컵 8강 신화를 만들어낸 북한 축구대표팀의 경우다. 천리마운동에서 강조한 정신력과 속도전이 북한 축구대표팀의 놀라운 선전을 불러온 비결이었다는 것이다.

2002년에 영국 BBC 방송국 출신의 대니얼 고든이 감독한 〈천리마축구단〉은 북한의 영국 월드컵 8강 진출과 후일담을 담은 인상 깊은 다큐멘터리 영화다. 대니얼 고든 감독은 당시 북한이 경기를 펼친 영국의 미들즈브러(북한 대표팀 숙소도 미들즈브러에 있었다)와 가까운 셰필드 출신인데, 어릴 때 부모들로부터 영국월드컵에서 키가 작은 북한 선수들이 거구인 이탈리아를 이기는 등 감동적인 플레이를 했다는 소리를 귀에 못이 박히도록 들었기 때문에 호기심을 갖기 시작했다고 한다.

고든 감독은 갖은 노력 끝에 2001년 북한 당국으로부터 취재 허가를 받고 1966년의 영국 월드컵에서 활약했던 북한 생존 선수들을 찾아 나섰다. 그는 당시 북한 대표팀의 명례현 감독을 비롯해서 7명의 선수 등 모두 8명을 만나서 직접 인터뷰를 진행했다. 그 가운데 가장 인상에 남는 건 역시 명례현 감독 인터뷰였다.

"이탈리아 선수들이 왜 우리한테 졌는가 말이요. 첫째로 정신사상력에서 졌습네다, 우리한테. 정신사상력에서. 두번째는 걔네들이 뜻밖에도 한 점을 실점하다 보니까 조급한 나머지 집단력(조직력)을 발휘하지 못하고 개인경기를 했단 말입니다. 그게 말하자면 기술 만능이 우리 집단력 앞에 깨져 나갔단 말입네다."

북한의 사회주의 체제가 이탈리아의 자유민주주의 체제보다 우월했고, 북한의 조직력이 이탈리아의 개인기를 눌렀다는 것이

사상 첫 월드컵 무대에 오른 북한 선수들이 관중들에게 인사하고 있다. 북한 선수들은 체구도 작고 기술적인 면에서 이탈리아 선수들에게 딸렸지만, 빠른 스피드와 활동력으로 상대를 당황케 하고 역습을 가해 승리할 수 있었다.

다. 굳이 사회주의 체제의 우월성을 언급할 것까진 없겠지만, 개인 기보다 조직력이 중요하다는 것은 예나 지금이나 스포츠에서 통하는 말이다.

또한 이탈리아 선수들이 경기 전부터 북한을 얕잡아 보며 방심하고 있었다. 영화에서 지아니 리베라라는 당시 이탈리아 선수는 "비기기만 해도 8강행은 확실한 데다 상대편은 우리보다 한참 열등해 보였죠"라며 이탈리아 대표팀 내의 분위기를 전했다. 실력은 이탈리아가 더 앞섰지만, 정신력과 조직력에서는 북한이 더 나았던 것이다.

1장 북한 스포츠, 그것이 알고 싶다

그러나 북한은 8강전에서 포르투갈에 3골을 앞서다 5골을 허용하는 바람에 역전패 당하고 만다. 양성국 선수는 그 이유를 이렇게 설명했다. "제가 뽀르투갈과의 경기에서 세번째 골을 넣고 우리가 3대0으로 앞서고 있을 때 순간적이나마 좀 승리에 도취했다고 생각합네다." 이에 대한 림중선의 말은 양성국보다는 좀 더 과학적이다. 그는 "뽀르투갈의 총 반공격에 우리가 대응할 수 있는 육체적(체력전) 준비, 말하자면 기력이 약간 떨어지는 그런 분위기였고. 그 다음에 우리가 그 세 알(골)을 먼저 넣고도, 그 승리를 유지하기 위한 그런 경험이 풍부하지 못했다는 것, 말하자면 시간을 보내는 경기를 잘 할 줄 몰랐다"는 것이다. 먼저 3골을 넣고 그 후에 지키는 축구를 하지 못한 데 대한 후회였다.

이탈리아와의 경기에서 결승골(1대0)을 넣어서 영웅이 되었던 박두익의 인터뷰 발언에는 다소 철학적인 구석도 있었다. "영국 인민들이 우리 선수들에 대한 감정이 아주 좋았다는 거… 우리 역시 인민들에 대한 감정이 아주 좋았어요… 또… 뭐… 축구가 단지 승패나 가르는 경기가 아니라는 거, 우리가 어디 가서 경기를 해도 다 거… 친선을 도모하고 그런 데 근본이 있지 않나 생각합니다." 박두익은 축구, 나아가서는 스포츠가 그저 공놀이나 유희가 아니라 사람과 사람 사이를 가깝게 만드는 하나의 문화라고 강조해 이야기한 것이다.

〈천리마축구단〉이 세상에 나올 2002년만 해도, 영국 월드컵 8

강전 포르투갈과의 경기를 앞둔 북한 선수들이 '술집을 드나들어서 역전패를 당했기 때문에 아오지 탄광으로 보내졌다'는 루머가 나돌고 있었기에 생존해 있는 북한 선수들의 인터뷰는 충격이기도 했다.(2019년 현재, 영국 월드컵에 출전했던 명례현 감독과 23명의 선수 가운데 생존이 확인된 인물로는 박두익이 유일하다.)

# 북한의
# 올림픽 성적

북한의 역대 하계·동계올림픽 성적은 극과 극을 이룬다. 하계 올림픽에서는 1972년 뮌헨 올림픽 남자 소구경 소총복사 $50m$(리호준 선수) 우승을 비롯해서 그동안 금메달 16개 은메달 15개 동메달 23개 등 모두 54개의 메달을 땄다. 그러나 동계올림픽에서는 금메달은 없고, 은메달과 동메달 각 1개씩이 전부다.

하계올림픽에서는 5개의 금메달을 따낸 역도가 가장 좋은 성적을 냈고, 레슬링과 체조가 각각 3개로 그 뒤를 따르고 있다. 격투기 종목인 복싱과 유도에서 2개, 사격에서 1개의 금메달을 획득했다. 구기종목에서는 탁구에서 은메달 1개 동메달 3개, 배구 역시 금메달은 없고 동메달만 1개를 따고 있다.

북한이 역대 올림픽에서 좋은 성적을 올린 건 1992년 바르셀로나 올림픽과 2012년 런던 올림픽이었다. 바르셀로나 올림픽에서는 남자레슬링 $48kg$급의 김일 선수가 금메달을 따는 등 모두 9

개의 메달(금메달 4개 동메달 5개)로 종합 16위에 올랐다. 런던 올림픽에서는 초반 돌풍을 일으키며 세계 스포츠계를 깜짝 놀라게 했다. 올림픽이란 무대에 등장한 이후 처음으로 하루(7월 29일)에 2개의 금메달을 따내기도 했다.

그날 북한은 여자유도 52kg급의 안금애 선수가 결승전에서 금메달후보 쿠바의 베르모이 아코스타 야네토 선수를 연장접전 끝에 '유효'로 꺾고 감격스러운 금메달을 따냈다. 1996년 애틀랜타 올림픽 여자 48kg급에서 당시 84연승을 올리던 일본의 다무라 료코를 제압하고 금메달을 딴 계순희 이후 16년 만의 여자유도 금메달이었는데, 안금애의 스승이 바로 계순희였다.

같은 날, 남자역도 엄윤철 선수는 56kg급에서 인상 125kg 용상 168kg 합계 293kg을 기록하면서 강력한 우승후보 중국의 우징바오를 제치고 금메달을 차지했다. 이어 7월 31일에는 남자역도 62kg급의 김은국 선수가 인상 153kg 용상 174kg 합계 327kg의 세계신기록을 세우며 북한에 세번째 금메달을 안겨주었다. 최종적으로 북한은 런던 올림픽에서 금메달 4개 동메달 2개로 종합 20위를 차지했다.

겨울이 긴 북한으로선 동계 종목의 기후적 여건은 한국보다 좋은 편이다. 그러나 동계 종목은 기후가 받쳐줘야 할 뿐만 아니라 시설이나 장비 등을 잘 갖춰야 해 비용이 많이 드는 스포츠다. 추운 날씨, 적합한 시설, 좋은 프로그램 등의 3박자가 갖춰져야 국제대회에서 좋은 성적을 올릴 수 있기 때문에 경제 여건이 어려운 북한으로서는 경쟁력을 갖추기가 어렵다.

1964년 오스트리아 인스부르크 동계올림픽에 13명의 선수를 파견해서 한필화 선수가 여자 스피드스케이팅 3000m에서 은메달을 딴 것이 가장 좋은 성적이다. 그 후 38년이 지나서 열린 1992년 알베르빌 동계올림픽에 쇼트트랙 스피드스케이팅이 처음 정식 종목으로 채택되어 황옥실 선수가 여자쇼트트랙 스피드스케이팅 500m에서 동메달을 따냈다. 그러나 이 두번째 메달 이후 이제까지는 메달 소식이 없다.(북한은 인스부르크 동계올림픽부터 지난 평창 동계올림픽에 IOC의 배려로 와일드카드로 참가할 때까지 모두 아홉 차례 출전했다.)

미국을 적국으로 여기는 북한은 미국에서 개최된 1980년 레이크플레시드 동계올림픽과 2002년 솔트레이크시티 동계올림픽에는 선수단을 파견하지 않았다. 특히 솔트레이크시티 동계올림픽의 경우, 올림픽을 앞두고 남·북한 개회식 공동입장이 거론되기도 했지만 결국 무산되었다. 당시 북한은 한 종목도 출전권을 확보하지 못했지만 와일드카드로 출전 가능성이 있었다. 그러나 당시 미국의 조지 W. 부시 대통령의 "악의 축" 발언이 터져 나오는 바람에 북한은 결국 출전하지 않았다.

2006년 토리노 동계올림픽 때는 개회식에서 남북한 선수들이 동계올림픽 사상 처음으로 공동입장을 했다. 당시 남북한 선수단은 'COREA'라고 쓴 피켓과 한반도기를 들고 개최국 이탈리아를 비롯해서 82개 출전국 가운데 스물한번째로 공동입장해 관중들로부터 열렬한 환영을 받았다. 기수로는 북한의 남자 피겨스케이팅 솔로 선수 한정인, 남한의 여자 스피드스케이팅 이보라 선수가 함께 맡았다. 당시 한국은 빙상·루지·스키 등 5개 종목에 69명의 선수가 출전했었고, 북한은 피겨와 쇼트트랙 스피드스케이팅 등 14명이 출전했다.

그리고 2018년 평창 동계올림픽에서는 동·하계 올림픽을 통틀어 최초로 남북 단일팀 출전이 성사된다. 비록 그렇게 구성된 여자아이스하키 단일팀은 전패로 대회를 마감하긴 했지만, 평화와 화합이라는 스포츠의 정신을 살리는 계기였다.

# '공화국영웅'부터 '체육명수'까지
# 북한 선수들의 대우

　북한 스포츠 스타 가운데 가장 파격적인 대우를 받은 선수는 정성옥이다. 1999년 세비야 세계육상선수권대회 여자마라톤에서 김창옥 선수의 페이스메이커로 출전했다가 깜짝 우승을 한 바로 그 선수다. 그는 체육영웅 가운데서도 유일하게 '공화국영웅'의 칭호를 받았다. 더해서 평양의 아파트와 고급승용차도 지급하고 5만 달러의 우승상금도 모두 갖게 했다. 국제스포츠계에서는 물론 북한에서도 전혀 기대를 하지 않았던 우승을 한 덕분이었던 것 같다. 게다가 정성옥의 우승 소감이 "105리 구간을 오로지 장군님 지도자 동지를 기쁘게 하기 위해…"였던 터라 당시 북한 국방위원장의 마음을 흔들어놓았던 모양이다.

　공화국영웅이란 '조선민주주의인민공화국영웅'의 약칭으로, 당과 국가에 대하여 막대한 공훈을 세우고 대중적 영웅주의와 애국주의를 보여준 자에게 수여되는 최상급의 명예 칭호이다. 옛 소련의 '소비에트연방영웅'을 벤치마킹한 것으로 1950년 6월 30일 제정되었다.

공화국영웅에게는 '공화국영웅 금별메달'과 국기훈장 제1급, 그리고 최고인민회의 상임위원회 명의의 영웅증서가 함께 수여된다. 김일성이 4번 받아서 '4중 공화국영웅'으로 불리며, 김정일은 1982년 2월 16일 40세 생일에 공화국영웅 칭호를 받았다.

김정일은 정성옥에게 북한의 스포츠 스타로는 처음으로 '공화국영웅' 칭호를 부여했는데, 그전까지는 '로력영웅'이 최고 칭호였다. '로력영웅'은 1951년 7월 17일 조선민주주의인민공화국 최고인민회의 상임위원회에서 제정되었고, 역시 옛 소련의 로력영웅 칭호를 따라한 것이다. 이 로력영웅은 경제·문화·건설 부문에서 공로를 세운 사람에게 주어지는 칭호인데, 스포츠 분야에서는 올림픽이나 세계선수권대회 등 국제적으로 권위가 있는 대회에서 우승해 국위를 선양한 선수들이 대상이 된다. 그 대우는 공화국영웅에 약간 못 미친다.

'인민체육인'과 '공훈체육인'은 간단히 구분된다. 올림픽 금메달은 인민체육인, 아시안게임 금메달은 공훈체육인으로 보면 된다. 인민체육인 칭호는 올림픽과 종목별 세계선수권대회 금메달 또는 그에 버금가는 성적을 낸 선수들, 또는 냉전시대 때는 아시안게임이나 아시아 규모의 대회라도 일본·한국·미국 등 라이벌 국가 선수를 꺾는 등의 인상적인 경기를 하면 간혹 붙여주는 경우도

1장 북한 스포츠, 그것이 알고 싶다

있었다.

축구선수 정대세는 올림픽이나 아시안게임 금메달 없이 인민체육인의 칭호를 받은 대표적인 경우다. 그는 북한축구를 사상 처음 월드컵 본선(2010 남아공 월드컵)까지 이끈 공로를 인정받은 것이다.

인민체육인보다 한 급 아래가 공훈체육인이다. 주로 아시아권 대회에서 금메달이나 우승을 차지한 선수들에게 그 칭호를 부여한다. 인민체육인이 되면 내각의 차관급 대우, 공훈체육인은 내각의 국장급 대우를 받아 각각 월급 300원, 250원 정도를 받는 것으로 알려졌다. 특히 인민체육인 칭호를 받으면 평양에 있는 아파트와 고급승용차를 제공받는다.

1986년 5월 이후 북한에서 인민·공훈체육인 칭호를 받는 선수는 352명으로 알려져 있다. 공훈체육인 다음으로 '체육명수'라는 호칭도 있는데, 북한의 국가대표급 선수들에게는 거의 모두 이 호칭이 따라붙는다. 따라서 북한의 체육명수는 6000명이 넘는다. 체육명수에게는 별다른 혜택이 주어지지 않는다.

# 한반도 유일의 브론즈라벨 마라톤, 만경대상마라톤대회

국제육상경기연맹IAAF은 해마다 선수 기록, 국적, 참가 인원, 도핑 검사, 중계방송 규모, 상금 등 15개 항목을 평가해 전세계 900여 개의 마라톤 대회를 골드, 실버, 브론즈 세 등급으로 분류한다. 2018년 기준으로 전세계 900여 개 국제마라톤대회 중 골드라벨 56개, 실버라벨 26개, 브론즈라벨 32개에 이른다.

세계 4대(뉴욕·보스턴·런던·도쿄) 마라톤대회야 당연하고, 세계에서 가장 평탄한 코스로 2018년 9월 16일 케냐의 엘리우드 킵초케 선수가 2시간01분39초의 세계최고기록을 세웠던 베를린마라톤도 '골드라벨'에 들어간다. 한국에서 열리는 대회 가운데 2019년 현재 골드라벨 대회는 서울국제마라톤대회가 유일하다. 춘천국제마라톤대회도 골드라벨을 받은 적이 있지만 지금은 박탈되었다. 실버라벨은 대구국제마라톤대회가 유일하며, 브론즈라벨 대회는 없다.

만경대상마라톤대회는 다수의 외국인도 참가하는 북한 유일의 국제마라톤대회다. 폐쇄국가 북한을
달린다는 점 때문인지 영국의 한 신문은 이 대회를 세계에서 가장 특이한 마라톤대회 10개 중 하나
로 꼽기도 했다.(사진=연합뉴스)

　　그럼 북한에도 그런 대회가 있을까? 북한에서 가장 권위 있는
마라톤대회는 만경대상마라톤대회(일명 평양국제마라톤대회)다.
1981년부터 매년 4월 김일성 생일(4월 15일) 즈음에 열리고 있는
데, '만경대'도 김일성의 출생지를 뜻한다. 이 대회는 최근 IAAF로
부터 '브론즈라벨 대회'로 인정받았다. 북한 땅을 달릴 수 있다는
특이성 때문에 마라톤 마니아들로부터 주목받고 있고, 한국에서
도 참가를 희망하는 이들이 꽤 있지만 아쉽게도 대한민국 국적을
가진 사람은 참가가 불가능하다. 전세계에서 대한민국 국적의 선

수가 출전할 수 없는 유일한 대회인 것이다. 남북 대화 국면을 맞아 경남 창원시가 시 차원에서 2019년 대회 참가를 시도했으나 성사되지는 못했다.

제3회 대회까지는 남자선수들만으로 치러졌으나, 1984년 제4회 때부터는 여자선수도 출전하게 됐다. 1986년의 제6회 대회부터는 선수뿐 아니라 평양시민들도 함께 레이스를 펼치고 있다. 2000년 케냐의 넬슨 네데르바 등 외국 선수들이 초청을 받아서 출전하기도 했지만, 2014년 대회부터 외국인 선수들의 참가를 본격적으로 허용해 나름 국제 규모로 커가고 있다. 2017년에는 네덜란드·독일·미국·중국·캐나다·프랑스·영국·호주·일본·대만 등 50여 개국 1100여 명이 출전하는 등 해마다 북한 내외의 선수 1000명 이상이 도전하고 있다.

이 만경대상마라톤대회의 코스는 7만 석 규모의 김일성경기장을 출발해 중국 인민해방군 참전기념비, 김일성대학 등을 거쳐 다시 경기장으로 돌아오는 코스다. 2018년 4월 8일 열린 제29회 대회에는 북한 선수를 포함해서 세계 43개국에서 429명이 출전했다. 북한의 리강범이 2시간12분53초에 주파해 아프리카 출신 등 13명이 출전한 엘리트 부문 1위를 차지했다. 여자부는 쌍둥이 마라토너 중 언니 김혜경이 2시간27분24초로 1위를 차지했고, 거의 동시에 결승선을 통과한 동생 김혜성이 2위를 차지했다.

2019년 4월에 열린 제30차 대회에서는 북한의 대외 이미지가 개선된 덕분인지 이전의 두 배가량인 950여 명의 선수가 참가했다. 이 대회에서는 북한의 리강범이 엘리트 남자부 1위를 하고, 여자부는 리강옥이 1위를 했다.

2019년부터 만경대상마라톤대회는 '국제도로경주 및 마라톤협회AIMS'의 공식 인증을 받아 더욱 권위가 높아졌다.

# 북한 집단체조의
# 이면

    집단체조, 즉 매스게임 공연은 북한을 상징하는 대표적 문화체육행사이다. 북한에서는 "체육기교와 사상예술성이 배합된 대중적인 체육형식"이라고 정의되고 있다. 김일성이 1930년에 창작·지도했다는 꽃체조 〈조선의 자랑〉이 집단체조의 시원이라고 밝히고 있으며, 북한 정권이 수립된 이후 꾸준히 새로운 작품들을 창작하며 발전시켜왔다. 해외에서 평양을 찾는 각국의 고위층에게는 반드시 집단체조 공연을 보게끔 방문 일정을 짜도록 한다고 할 정도로 북한이 내세우는 자랑거리의 하나다.

    한국에도 잘 알려진 집단체조 공연으로 〈아리랑〉이 있다. 공식 명칭은 '김일성상 계관작품 대집단체조와 예술공연 아리랑'이다. 그냥 집단체조가 아니라, 대집단체조라고 부르는 것처럼 지구촌에서 단일 공연 중 가장 많은 사람이 출연한다. 무려 10만 명이 동원되는데, 소학교(한국의 초등학교에 해당) 학생부터 대학생까지 학생들이 주로 동원되며, 직장인도 적지 않다. 중요한 배역은 전문 무용수나 체조선수들이 맡는다.

공연의 핵심 내용은 김일성과 김정일의 업적을 찬양하고, 일제 강점기의 빨치산 항일투쟁 그리고 사회주의 체제 선전, 조선인민 군의 용맹함, 북조선의 아름다운 강산 등이지만 해마다 내용은 조금씩 바뀐다. 원래 북한군이 한국군을 죽이는 내용도 포함되어 있었는데, 점차 남북관계가 원만해지면서는 그런 내용이 슬그머니 빠졌다.

북한에 초청된 해외 고위급 인사들도 관람을 하곤 하는데 2007년 남북정상회담 당시 노무현 대통령도 공연을 봤다. 북한 당국은 북한으로 오는 패키지 여행객들의 관광코스에 이 집단체조 관람을 의무화했는데, 그 이유는 우선 외화벌이를 위해서다. 3등급으로 분류된 좌석은, VIP석이 1000달러, R석이 500달러 그리고 A석이 200달러로 상당히 고가다.

1시간이 넘는 시간 동안 수많은 참가자들이 일사불란하게 움직여야 하기 때문에, 훈련기간이 6개월 이상으로 길며 혹독하기로 유명하다. 특히 여름에 훈련하다보면 수시로 일사병이 발생하고 강렬한 햇볕 때문에 쓰러지는 학생이 나오는 일이 비일비재하다. 도중에 화장실을 가기가 힘들어 참다가 방광염에 걸리는 경우도 있다고 한다. 그래서 애초에 물 섭취를 줄이기도 한다. 북한 출신 주성하 기자에 따르면, 이런 가혹한 훈련에도 불구하고 텔레비

집단체조 공연은 북한을 상징하는 요소들 중 하나로, 북한의 대표적인 관광상품이기도 하다. 그러나 너무 많은 인원을 생산 현장에서 빼내 동원하기에 북한 경제에 부담을 주는 측면도 있다. 2019년 9월 19일 문재인 대통령은 능라도 5·1경기장 대집단체조 관람 전 15만 명의 북한 인민들에게 연설하기도 했다.(사진=연합뉴스)

전 등의 물질적 보상이 참가자들에게 주어지고 충성심을 입증해 조선노동당에 입당할 가능성을 높여주기 때문에 적극적으로 참여하는 주민들이 많다고 한다.

하지만 어린 학생들도 이런 고된 훈련을 거쳐야 하기 때문에 국제 사회에서는 아동학대라는 비난도 거세다. 2013년부터 북한은 집단체조 공연을 중단했는데, 이런 아동학대 논란에 대한 부담도 그 이유 중 하나라고 한다. 그러다 5년 만인 2018년에 북한은 〈빛나는 조국〉이라는 이름의 새 집단체조 공연을 개최한다. 북한으로선 집단체조만큼 외화를 쉽게 벌고, 북한 체제를 선전할 수단이 없었을 것이다. 새롭게 공개된 〈빛나는 조국〉은 '해 솟는 백두산'을 시작으로 '사회주의 우리 집' '승리의 길' '태동하는 시대' '통일 삼천리' '국제친선 장' 등의 장으로 구성됐다. 군사적 구호가 줄어들고, 경제발전에 전력을 기울이자는 내용이 많이 들어갔다. 그 밖에 기술적으로는 드론까지 새롭게 등장했다.

2018년 9월 남북정상회담으로 평양을 방문한 문재인 대통령은 김정은 국방위원장과 함께 대집단체조 〈빛나는 조국〉을 관람한 뒤 능라도경기장에 운집한 북한의 15만 관중을 상대로 사상 처음 연설을 했다. 문 대통령은 김정은 위원장의 소개에 이어 15만 관중들을 상대로 연설을 했는데, "한반도에서 더 이상 전쟁을 없을 것이며, 새로운 평화의 시대가 열렸음"을 천명하는 등 연설을 하는 7분 동안 10번이 넘는 박수를 받기도 했다.

# 참패한 북한 선수들은
# 정말 숙청되었을까?

북한 선수들이 중요한 국제경기에 패할 때마다 남한에선 그들의 숙청설이 나돌곤 했다.

북한에서 '김씨 일가'의 위상을 감안컨대 그들의 한마디로 '숙청'은 언제라도 가능할 듯하다. 특히 국제대회에서 좋은 성적을 올리면 이런저런 칭호를 붙여주며 영웅 대접을 하지만, 반대로 성적이 좋지 않으면 쥐죽은 듯 조용해버리니 '숙청'을 연상하게 되는 게 어쩌면 당연한 일인지도 모르겠다.

올림픽이나 월드컵 등 메가 스포츠 행사가 벌어질 때마다 『허핑턴 포스트』를 비롯한 일부 외신은 북한 당국이 올림픽 출전 선수들에게 '당근과 채찍'을 철저히 구사한다고 보도했다. 금메달을 획득한 선수에게는 냉장고·자동차·텔레비전 등의 후한 선물을 선사하고, 메달 획득에 실패한 선수들은 수용소로 보내 강제 노역을 시킨다고 말이다.

흔히 메달 획득에 실패한 선수는 운동선수협회에서 자동 제명 처리되고 그 후 강제 노역에 시달리게 된다고 알려져 있다. 특히 패전 당시 상대가 북한과 껄끄러운 관계에 있는 미국·한국·일본 팀이나 선수라면 상황은 더욱 심각해진다고 말이다. 그렇지만 국내의 북한 관계자들은 이런 내용을 '근거 없는 루머'로 본다. 그럼에도 이런 설들이 끊이지 않는 이유는 그럴 거라고 믿는 사람들이 여전히 많기 때문일 것이다.

이상하게도 숙청설은 축구에서 유난히 많았다. 1966년 북한은 호주를 물리치고 아시아·아프리카·오세아니아 등 세 대륙의 대표로 영국 월드컵 본선에 오르자 출전선수 전원을 미혼 선수로 꾸렸고, 그들은 아침 6시부터 밤 10시까지 강한 체력훈련과 조직훈련을 받아야 했다. 그런 덕분인지 선수들은 당시 브라질과 함께 세계 축구계를 양분하던 이탈리아를 조 예선 마지막 경기에서 1대0으로 제압하는 이변을 연출하면서 8강에 올랐다.

그런데 그 8강전이 문제였다. 북한은 이탈리아를 물리친 여세를 몰아 8강에서 만난 포르투갈을 상대로 3골을 몰아넣으면서 3대0으로 앞서갔다. 그러나 이후 다리가 풀렸는지 에우제비오에게 4골을 얻어맞으면서 5골을 내주고 3대5로 역전패했던 것이다. 월드컵 역사에서 3골을 앞서다가 역전패한 경우가 거의 없었고, 그것도 내리 5골이나 내준 것은 그 경기가 유일했다.

그러자 이후 이런 소문이 나돌았다. 북한 선수들이 북한으로 돌아가서 숙청, 구체적으로는 '아오지 탄광'으로 끌려갔을 것이라는 소문이었다. 북한 선수들이 이탈리아를 물리친 후 '김일성 찬가'를 부를 때까지는 좋았지만, 그 분위기를 '런던의 밤'으로까지 이어가 컨디션 조절에 실패했다는 죄목으로 말이다. 그러나 앞서 보았듯 〈천리마축구단〉에서 당시의 북한 선수들이 멀쩡히 잘 살아 있는 모습이 나옴으로써, 숙청은 없었던 것이 분명해졌다.

북한의 두번째 월드컵 본선 진출 대회 때도 숙청설이 나돌았다. 1966년의 기적 같은 활약 이후 북한 축구는 월드컵 무대에 모습을 드러내지 않았다. 아니, 정확하게 말하자면 아시아예선에서 번번이 탈락해서 월드컵 본선에 오르지 못했다. 그러다가 무려 44년 만인 2010년 남아공 월드컵 본선에 올랐다. 북한은 이번에도 국내파인 김정훈 감독과 조동섭 코치를 내세워 세계를 깜짝 놀라게 하려 치밀하고 꼼꼼하게 준비했다.

당시 국제축구 전문가들과 AP, AFP, 심지어 중국 신화사 통신 New China press까지도 세계최강 브라질과 조 예선 첫 경기에서 북한이 최소한 3골 혹은 그 이상으로 무너지리라 예상했다. 그러나 북한은 정말 세계를 깜짝 놀라게 할 정도로 잘 싸워 브라질에 불과한 골 차(1대2)로 패했다.

그때까지만 해도 북한 선수들은 김정일의 격려를 받으며 기세 등등했다. 실제로 포르투갈과의 두번째 경기는 북한에서도 이례적으로 생방송 중계까지 했다. 그런데 여기서 0대7로 참패를 당하고 만다. 이어서 코트디부아르(0대3)에도 영패의 수모를 당하는 바람에 3전 전패(1득점 12실점)의 처참한 결과로 보따리를 싸야 했다. 이때도 북한 선수들이 귀국 즉시 '아오지 탄광'으로 갈 것이라는 소문이 나돌았다.

특히 한 탈북단체는 귀국 후 김정훈 감독은 노동당에서 출당 조치를 당했으며, 북한축구협회 고위 관계자는 6개월간 노동교화형에 처해졌고, 선수들은 사상비판에 회부됐다는 구체적인 주장을 했다. 생방송으로 북한에 중계된 포르투갈전 참패가 결정적이었다는 것이다. 국내외 언론이 이를 보도하면서 기정사실화되기도 했지만, 구체적인 증거는 없었다. 그리고 나중에 북한 측이 사실무근이라고 반박하면서, 관련 보도는 사실상 오보로 확정되었다.

사실 북한의 김정훈 감독은 포르투갈전을 앞두고 한 기자회견에서 선수들 성적이 좋지 못할 경우 어떤 처벌을 받느냐는 서방 기자의 질문을 받은 적이 있다. 김 감독은 "잘못되더라도 다른 일은 없을 것이다. 설사 우리가 목적을 이루지 못했다고 해도 앞으로 우리 팀이 도약하는 데 좋은 경험이 될 것"이라고 답했다. 실제로는 사상교육의 일환으로 협동농장에서 혁명화교육 정도를 받고 다시 복귀하는 경우가 대부분이며, 선수나 감독이 아니라 책임 있는 협회 간부 정도나 간다고 알려져 있다.

2019년 1월 아랍에미레이트에서 벌어진 아시안컵에서 북한은

E조에 속해 사우디아라비아(0대4), 카타르(0대6), 레바논(1대4)에 연달아 참패를 당하자, 이번에야말로 정말 선수단이 모두 아오지 탄광에 갈 것이라는 얘기가 또 돌았다. 6·25전쟁 직후 국군포로가 수용되면서 생겨난 아오지 탄광의 악명은 아직까지도 계속되고 있는 셈이다.

# 북한 체육의 총사령탑, 국가체육지도위원회

　북한의 '국가체육지도위원회'는 북한 스포츠의 현재와 미래의 방향을 결정하는, 체육에 관한 한 모든 것을 총괄하는 기구다. 2012년 11월 4일, 김정은의 지시로 열린 노동당중앙위원회 정치국 확대회의에서 군과 정은 물론 당까지 아우르는 막강한 기구로 탄생되었다. 체육 분야 기구인데도, 발족 당시 초대 위원장이 김정은의 고모부인 장성택 국방위원회 부위원장이었고, 부위원장엔 로두철 내각 부총리와 최부일 인민군 부총참모장과 리영수 당근로단체 부장이 임명됐으며, 김기남 당비서 등 32명의 고위급 인사가 체육지도위원 명단에 올랐다는 데서도 알 수 있다.

　국가체육지도위원회는 북한 체육의 발전을 통해 내부 결속을 다지고 국제대회에서 좋은 성적을 올릴 수 있도록 뒷받침하는 게 핵심 업무다. 북한 체육정책의 기조인 '선택과 집중'의 철학은 물론 북한 선수들의 주요 대회 출전 여부, 규모, 예산 배정 그리고 홍보전략 등 모든 것을 관장한다. 국가체육지도위원회가 발족한 이후 처음으로 열린 2012년 런던올림픽에서 북한은 금메달 4개로 역대 최고 성적을 올리기도 했다.

북한의 최고권력기구인 국무위원회 산하에는 인민무력성·인민보안성·국가보위성 등이 있는데, 국가체육지도위원회도 인민무력성 등에 버금갈 정도로 막강한 파워를 갖고 있다. 그것이 가능한 이유는 당연히 최고권력자 김정은의 관심이 높기 때문이다. 그를 보여주듯 국가체육지도위원회 위원장은 항상 김정은에 이어 2인자가 맡을 정도로 비중이 높은 자리이다. 초대 위원장인 장성택이 2013년 12월 공개처형된 이후로는 최룡해 노동당 부위원장이 이어받았다. 최룡해 다음 3대 위원장도 최휘(2017년 11월 이후) 노동당 부위원장이 겸하고 있다.

국가체육지도위원회 위원장을 보필하고 있는 국가체육지도위원들의 면면도 화려하다. 당연직인 체육상, 노동당 부위원장, 군 총참모부나 부총참모장, 그밖에 노동당·군·내각의 부총리급 등이 위원으로 있으면서 위원장과 현안이 생길 때마다 모여서 중요한 안건을 처리하곤 한다. 위원장은 체육상의 의견 정도는 받아들이지만, 다른 위원들이 의견을 내놓으면 전문가가 아니기 때문에 그저 참고만 하는 정도라고 한다. 결국 여러 위원들이 있지만, 사실상 위원장과 체육상 두 사람이 이끌어간다고 보면 된다.

국가체육지도위원회가 북한 체육의 장·단기 발전을 위한 협의 체라면, 체육성은 남한의 문화체육관광부나 대한체육회에 해당되는 기구다. 체육상은 체육성의 수장으로, 현재 김일국이 맡고 있다. 김일국은 2016년까지 국가체육지도위원회 실무격인 서기장으로 있다가 체육상으로 승진했다. 그는 조선올림픽위원회 위원장도 겸하고 있는데, 2018년으로 임기가 끝난 장웅 전 IOC위원에 이어 북한의 새 IOC위원이 될 것으로 보인다.

북한에서 국가대표는 보통 인민무력성 소속의 4·25체육단, 평양시 당 소속의 평양시체육단, 인민보안성 소속의 압록강체육단, 철도성 소속의 기관차체육단 등에서 나오지만 역시나 국가체육지도위원회의 최종 결제를 받아야 한다.

# 북한에서
# 스포츠 선수가 되는 법

앞에서도 살펴보았듯이 남과 북 모두 스포츠를 엘리트 중심으로 발전시켜왔다. 남한의 경우 과거에는 엘리트 중심이었다가 경제발전으로 국민들 생활수준이 올라가며 이제는 생활 스포츠가 자리를 잡았지만, 북한은 아직도 엘리트 선수들 중심으로 스포츠 정책을 펼치고 있다.

북한 엘리트 선수들의 훈련은 비교적 좋은 시설과 여건에서 이뤄진다. 엘리트 선수들은 프로구단급에 해당하는 체육단에 속해 있다. 체육단은 1~3급으로 나뉘는데, 1급은 군대나 경찰 등의 국가기관이 운영하며, 2급은 도(또는 직할시)에서 운영하고, 3급은 공장 등의 일터에 속해 있다. 1급과 2급 체육단 선수들은 운동만 하는 전문 체육인이며, 3급체육단은 겸직을 한다.

운동선수 발굴과 육성은 소학교나 중학교에 배치된 체육교사와 축구·농구·체조·육상·복싱·레슬링 등 종목별 지도자에 의해

학교·공장·협동농장 등 현장에서 이뤄진다. 그 외에는 개인이 직접 학교 체육소조 활동에 참가해서 운동선수로 입문하는 방법도 있다.

운동 실력이 뛰어나거나 코치나 선생들로부터 유망 선수로 인정받으면, 상급학교에 진학할 때 매우 유리하거니와 각종 대회에 참가할 수 있는 기회도 얻을 수 있다. 그리하여 대학 및 실업팀 감독들에게 발탁되어 직업 운동선수로 성장하거나 대표선수로 선발된다. 대표선수급이 되어야 북한에서 내세우는 최고의 시설에서 훈련할 수 있음은 물론이다.

기본적으로는 체육단 바로 아래의 체육학원과 체육대학에서 인재를 기르고, 청소년들은 청소년 과외체육학교에서 가능성 여부를 판정받는다. 그리고 대부분의 엘리트 선수들은 우리의 초등학교 운동부에 해당되는 체육소조 때 앞으로 전문 운동선수가 될 것인지, 아니면 다른 길로 나갈 것인지 진로를 결정한다.

북한에서 운동선수들은 기본적으로 기숙사에서 단체생활을 한다. 구기종목, 개인종목 가릴 것 없이 모든 종목 선수들이 1년 12달 합숙생활을 하며 감독들이 세운 계획에 따라 훈련한다고 보면 된다.

북한의 각 체육단 소속 선수들은 다른 일은 하지 않고, 해당 종목 훈련만 하고 경기에 출전하고 있기 때문에 사실상 '프로 선수'라고 할 수 있다. 모든 선수들의 경기력도 프로에 준하는 수준까지 올라 있다. 그러나 코칭 기술, 훈련기구, 영양 공급 그리고 해외 정보와 경기 경험 등에서 많이 부족하기 때문에 우리 기준으로는 '세미프로'라고 하는 게 적당할 듯하다.

그래서 북한의 스포츠 정책은 '선택과 집중'을 택할 수밖에 없다. 자신들이 잘 할 수 있는 종목, 즉 외국 선수들과의 경쟁에서 이길 가능성이 있는 종목과 선수를 선택해서 집중적으로 투자하는 것이다. 개인종목은 역도·레슬링·유도·체조, 구기종목은 여자축구·여자탁구가 이에 해당한다고 볼 수 있다.

그런 속에서 어떻든 육상의 신금단, 빙상의 한필화, 탁구의 박영순, 역도의 엄윤철, 레슬링의 김일, 체조의 리세광, 유도의 계순희, 마라톤의 정성옥 등 세계적인 선수들을 배출하는 성과를 내왔지만, 이제는 더 이상 해당 종목에서 이들의 뒤를 잇는 후배 선수들이 거의 나오지 않고 있다. 이는 시스템이 잘 갖춰져 있지 못하단 뜻이다. 시스템이 갖춰진 게 아니라, 우연히 천재성 있는 선수가 나오면 그 선수를 집중적으로 투자해서 키우는 '천수답天水畓 스포츠'에 가깝다. 바로 이게 북한 스포츠의 한계일 것이다.

# 북한의 스포츠 리그는
# 어떻게 운영되나

북한에도 스포츠 리그가 있다. 그중에서 가장 잘 발달된 것은 축구 리그다. 북한 축구 리그는 1, 2, 3부로 나뉜다. 우리의 프로축구 K리그에 해당되는 1부리그인 '최상급축구련맹전'에는 15개 팀이 속해 있다. 그리고 2부리그에 45개 팀, 3부리그에는 85개 팀이 속해 있다. 무려 145개 팀이 리그를 이루고 있는 것이다.

145개 팀이 거의 모두 군대 팀이라는 것도 특징이다. 북한에는 어느 지역에나 군부대가 있고, 각 부대마다 스포츠팀이 있는데 그 가운데 축구팀이 가장 많다.

북한의 축구팀 가운데 최고는 역시 4·25체육단 축구팀이다. 평양시를 연고로 하고 있는 4·25체육단은 인민무력부 소속으로 선수들은 모두 장교 대우를 받는다. 4·25체육단 다음 가는 팀으로 압록강체육단이 있는데, 인민보안성 소속으로 역시 국가의 관리를 받는다. 자연적으로 두 팀은 라이벌 관계를 형성하고 있다. 그리고 두 팀에 필적하는 팀으로 평양시체육단과 김일성 종합대학 체육선수단이 있다. 1부리그 15팀 가운데 절반이 넘는 8팀이 평양에 연고를 두고 있는 것이 특징이다.

1, 2, 3부 리그는 매년 상위 리그 최하위 팀과 하위 리그 우승 팀이 승부를 벌여 리그 승격과 강등 여부를 가리는 '승강제'를 실시한다. 또한 3부 리그 아래에서는 청년 리그와 각 공장 팀이 따로 대회를 열면서, 리그 팀들의 선수공급원이 되고 있다.

북한에서는 매년 2월에 백두산상축구대회가 열리는데 우리 프로축구 K리그의 컵 대회 방식과 비슷하다. 백두산상축구대회가 끝나면 3월부터는 만경대상축구대회가 이어진다. 만경대상축구대회는 매년 김일성의 생일인 4월 15일에 결승전을 치르도록 대진표를 짜서 2개월 동안 리그를 펼친다. 6월에는 보천보햇불상축구대회가 열리고, 10월이 되면 우리의 FA컵과 비슷한 방식으로 공화국선수권대회가 열린다. 그러니까 북한은 우리나라의 K리그처럼 연간 리그를 펼치는 것이 아니라 1년 4차례의 단기 리그나 토너먼트 대회를 하는 셈이다.

1부리그에 속한 15개 팀들은 아래에 17세 이하, 14세 이하 등 연령별 팀을 보유하고 있어서 자체적으로 우수 선수들을 육성한다.

축구를 하는 모든 북한 소년들의 목표는 4·25체육단, 압록강체육단 같은 '1급체육단'에 들어가는 것이 목표다. 1급체육단에

속해 있어야 체육명수, 즉 국가대표가 될 수 있기 때문이다. 만약 1
급 체육단에 들어가지 못하면 그 다음 각 도를 대표하는 도체육단
(2급 체육단)에서 각급 기업 소속으로 선수생활을 하는 걸 희망한
다. 또한 실력이 떨어지는 선수들은 각 공장에 소속되어 있으면 일
과 운동을 겸하는 '3급체육단'으로 내려간다. 북한의 각급 체육팀
가운데 90퍼센트 이상이 3급체육단에 속한다. 3급체육단은 수시
로 해체되고, 다시 만들어지는 등 안정적이지 않다.

북한 축구클럽팀은 아시아축구연맹AFC이 주관하는 챔피언스
리그에는 출전하지 못하고 있는데, 북한의 축구리그가 AFC에서
정한 기준에 미달하고 있는 탓이다. 다만 북한은 AFC 챔피언스리
그의 하위 리그격인 AFC컵에는 몇 년 전부터 참가하고 있다.

중국, 일본과 함께 아시아 3강을 이루고 있는 여자축구에서도
남자축구만큼은 아니지만 체계적으로 팀이 운영되고 있다. 일반·
대학팀과 중학교팀에서 여자축구팀을 운영하고 있는데, 각종 국
내 체육대회에 여자축구 종목을 채택하여 우수 선수들을 양성한
다. 국가대표 선발은 각 시·도 단위별 체육선수단과 군, 행정기관,
학교 소속의 체육선수단 중 우수 선수들을 발탁해서 국가대표 훈
련기관인 국가종합체육단에서 체계적으로 훈련을 시키고 있다.

이상 북한 축구의 경우를 알아봤는데, 농구·배구·탁구·핸드볼
등 다른 구기종목도 마찬가지로 4·25체육단과 압록강체육단 같
은 1급 체육단이나 정부기관에서 팀을 운영하고 있으며, 역도·레

슬링·유도·복싱 등 개인종목 선수들도 체육단에 소속돼 있다.

　북한에서 농구는 김정일 국방위원장이 1996년 "농구가 머리를 좋게 하고 키를 크게 하는 운동으로 적극 육성할 것"을 지시한 후 붐을 이뤘다. 현재의 집권자인 김정은이 농구를 좋아하고 직접 즐기기까지 하기에 최고의 인기 스포츠라고 할 수 있다. 1997년 김정일의 지시로 체육당국 소속 압록강체육선수단의 남녀 농구팀이 각각 '태풍'과 '폭풍'으로 개명해 최초의 프로농구팀이 된 바 있다. 그 후 남자부 '벼락' '우뢰' 팀과 여자부 '회오리' '번개' '대동강' 팀 등 세미프로팀이 창설된 이후 1부리그에 남녀 12개 팀씩 모두 24개 팀이 운영되고 있다. 그리고 1부리그 밑으로 2, 3부리그가 있어서 1부리그의 선수공급원 역할을 하고 있다.

　1997년 창설된 '태풍' 팀은 모두 인민보안성 산하 압록강체육선수단 소속이고, '우뢰'팀은 평양시청 소속으로 두 팀이 양강을 이루고 있다. 그 밖의 대부분의 팀들은 공기업이나 정부산하 기관에 속해 있어 우리의 실업팀에 해당한다고 보면 된다.

　북한 핸드볼의 경우, 많은 선수들이 즐기지는 않지만 남한의 리그 같은 대회는 일반 지역 체육단 팀 5개와 대학 체육단 팀 2개 등 총 7개 팀이 참가하고 있다. 북한의 남자 핸드볼 최강팀은 용남산체육단 팀이다.

# 북한의 대표적
## 스포츠 경기장들

6·25전쟁 이후 북한 전역엔 4000개 가까운 운동장과 23개의 체육관이 다시 만들어졌다. 그러나 모란봉경기장이나 유경체육관 등 몇몇 곳을 제외하고는 대부분 학교운동장이나 체육관 수준에 불과했다. 그러다 1957년에 3만5000명 규모의 신의주경기장과 5000명을 수용할 수 있는 수영장, 1962년에는 총연장 54km의 삼지연스키장 등을 잇달아 완공하면서 비로소 운동장이나 체육관다운 체육시설이 만들어졌다.

북한의 체육시설이 국제대회를 유치할 정도로 현대화한 것은 1970년 이후부터였다. 1970년대 초부터 각종 국제경기대회 유치에 대비하고 사회주의 체제의 우월성을 보여주기 위하여 필요 이상의 많은 투자가 이뤄지기 시작했던 것이다.

남한의 잠실체육관이나 장충체육관보다 훨씬 큰, 수용규모 2만 명의 '평양체육관'은 이때 만들어졌다. 착공 1년여 만인 1973년 4

월 8일 준공된 이 체육관은 탁구·농구·배구는 물론 핸드볼 경기도 할 수 있고, 복싱·유도 등 격투기 종목도 할 수 있는 다목적 체육관이다.

북한 동계종목의 상징인 평양빙상관은 1981년에 만들어진, 6000명을 수용할 수 있는 북한 최대의 실내 아이스링크다. 스피드스케이팅·쇼트트랙·아이스하키·피겨스케이팅 경기는 물론 하절기에는 실내체육관으로 전환해서 탁구·복싱·체조 등 여름철 종목도 열리곤 한다. 동·하계 겸용 체육관인 셈이다.

북한의 대표적 경기장 중 하나인 '김일성경기장'은 모란봉경기장을 대대적으로 개보수하여 개칭한 것이다. 본래 이 경기장은 일제강점기 때 처음 만들어졌는데, 그때 이름은 '기림리공설운동장'이었다. 광복 후 시설을 정비하며 '평양공설운동장'으로 개칭됐고, 1969년 증축하면서 '모란봉경기장'으로 다시 이름이 바뀌었다. 그러다 1981년 10월에 김일성의 70회(1982년) 생일에 맞춰 모란봉경기장을 확장하는 공사를 시작했고 다음해 4월 현대적인 종합운동장으로 재탄생하며 '김일성경기장'이라는 이름이 붙었다.

김일성경기장은 총 수용인원이 10만 명인 대형 경기장으로 북한의 주요 스포츠 경기가 열려왔다. 2022년 카타르 월드컵의 아시아 2차예선에서 남한과 북한이 같은 조에 속하면서 맞대결을 피할 수 없게 되었는데, 그 경기 역시 2019년 10월 15일에 김일성경기장에서 펼쳐질 예정이다.

북한 최대의 경기장인 5·1경기장. 최대 수용인원이 15만 명으로 세계 1위이다. 1990년 1차 통일축구대회가 이곳에서 열려 한국 선수들이 그때 최초로 그라운드를 밟았다.(사진=연합뉴스)

그러나 뭐니 뭐니 해도 북한 최고의 경기장은 '5·1경기장'이다. 평양 중구역 능라도에 위치한 이 경기장은 1989년 5월 1일 준공됐고, 건설기간은 2년 남짓 걸렸다. 착공 당시에는 능라도에 있다고 해서 '능라도경기장'이었는데, 준공을 앞둔 89년 4월 '인민대경기장'으로 명칭이 바뀌었다. 그러다 준공일이 국제노동절(5·1)인 것을 기념해 '5월1일경기장(줄여서 5·1경기장)'이란 이름이 붙여진 후 지금까지 그렇게 불리고 있다.

5·1경기장은 15만 명을 수용할 수 있는 명실공히 세계 최대 규모로 길이가 가로 450$m$, 세로 350$m$에 이른다. 인조잔디로 되어

있고, 축구장 둘레에는 육상 트랙이 놓여 있다. 1층과 지하에는 탁구·복싱 등 15개 종목의 훈련장과 진료소·식당 등 20여 개의 편의시설이 들어서 있다. 1층부터 5층까지는 컴퓨터와 국제전화 등 각종 설비를 갖춘 통신실과 관중들을 위한 간이매점·휴게실 등이 입주해 있고, 6층에는 400여 명을 수용할 수 있는 80개 룸의 숙박시설이 있다. 15만 명이라는 대관중을 수용할 수 있는 규모지만, 자동차가 많지 않은 북한이라선지 주차장은 겨우 3500대를 세울 수 있는 정도다.

# 북한 스포츠의 산실,
# 청춘거리

일종의 체육촌거리라 할 '청춘거리'(대략 3㎞ 길이)는 평양시 만경대 구역의 칠골에서 안골까지 이르는 지역으로, 북한의 대표적인 복합체육시설이 자리하고 있다. 남한의 진천선수촌(태릉선수촌을 이은 국가대표 훈련원)에 해당되는 시설이라고 보면 된다.

'안골체육촌'으로도 불리는 이 청춘거리는 김일성의 지시로 제 13차 세계청년학생축전을 대비해 1986년 착공된 후 3년간의 공사 끝에 1988년 준공되었다. 군 소속 건설대뿐만 아니라 각 도의 건설대가 공사에 참여했는데, '1개 도 건설대가 1개 경기장'을 맡는 식으로 이뤄졌다. 평양시의 외곽인 안골에 자리잡은 터라 예상되는 교통 불편을 해소하기 위해 3중 교차식의 안골입체다리도 만들어졌다. 평양과 남포 고속도로선상에 건설된 그 다리 덕분에 주변 도시들을 쉽게 오갈 수 있게 되어 있다.

체육촌은 총 부지면적 175㎢로, 그 안에 들어선 실내체육관·

실내수영장 등 건축면적이 26만7000㎡나 된다. 서산축구경기장을 포함해 농구장·수영장 등 각종 실내체육관 10여 개소와 피로회복관·체육인식당 등의 부대시설도 들어서 있다.

지난 1990년에는 김일성의 지시로 30타석 규모의 실내골프연습장도 들어섰는데, 평소에는 닫혀 있다가 공산당 고위층이 방문할 때만 열곤 한다. 남한의 잠실메인스타디움과 같은 종합경기장이라 할 서산축구경기장이 2만5500명의 관중을 수용할 수 있는 규모인데다 그 주위로 수영관·역도관·배구관·농구관·배드민턴관·탁구관 그리고 조금 큰 규모의 핸드볼관이 따로 만들어졌다. 1992년에는 태권도전당도 완공되어 제8회 세계태권도대회를 개최했고, 사격관이 1996년에 가장 늦게 완공되었다.

이 청춘거리 체육촌은 1년여 동안의 대대적인 리모델링 공사를 거쳐 2014년 3월 19일 다시 개장했다.

이날 서산축구경기장 앞에서 열린 준공식에는 곽범기 노동당 비서와 김용진 내각 부총리, 리영수 당 부장 그리고 당시 리종무 체육상 등이 대거 참석했다. 조선중앙방송은 종합경기장과 수영장 및 대규모 식당 등을 갖춘 이 체육촌을 "서방국가 어디에 내놓아도 전혀 꿀릴 게 없는 최신형 체육문화 시설"이라고 보도했다. 당연히 김정은 제1국방위원장의 치적이라는 것도 빼놓지 않았다. 1년여 전 "체육촌을 최신 자재로 다시 짓는 것이 근본적인 전환을 하기 위한 매우 중요한 사업"이라며 리모델링을 지시한 것이 그였

청춘거리에 새롭게 건립한 체육인숙소의 모습. 북한은 열악한 경제 상황에도 불구하고, 엘리트 선수들을 위한 체육시설에는 투자를 아끼지 않고 있다. 이 청춘거리도 그런 투자의 산물 중 하나다.(사진=연합뉴스)

으니 말이다.

북한 인민들은 누구나 청춘거리 체육촌 방문을 매우 큰 영광으로 여긴다. 국가대표 선수들도 체육촌 입촌을 제1의 목표로 삼는다. 2016년 리우데자네이루 하계올림픽, 2018년 평창 동계올림픽에 출전한 북한 선수단은 모두 이 체육촌에서 수개월 동안 합숙훈련을 하며 메달의 꿈을 키웠었고, 2020년 도쿄 올림픽을 앞두고 벌써부터 장기간 합숙훈련에 돌입해 있다. 물론 체육촌에 들어가려면 엄격한 선발 과정을 통과해야 한다. 체육명수, 즉 국가대표라고 해서 누구나 들어갈 수 있는 건 아니다.

　종목별 국가대표 선수들, 즉 국가종합팀은 국가체육지도위원회가 운영하는 청춘거리의 '서산호텔'에 여장을 푼 뒤 강도 높은 합숙훈련에 돌입하게 된다. 체육촌에선 운동종목을 경輕경기장 종목과 중重경기장 종목으로 나눠 훈련하는 것이 특징이다. 예를 들면 체조선수들은 경경기장에서, 역도선수들은 중경기장에서 각각 훈련한다.

　입촌한 모든 선수들에게는 '붉은색 인공기가 달린 유니폼과 단체복'이 각각 2벌씩 지급되는데, 각종 국내외 대회에 출전하면 출전수당이 주어지고 만약 승리를 하게 되면 승리수당이 별도로 나온다. 승리수당은 올림픽이나 세계선수권대회 또는 국내대회 등 대회 규모에 따라 차이가 있다.

　또한 체력과 근지구력이 필요한 몇몇 종목은 백두산 고지대에 있는 '무두봉훈련소'에서 전지훈련을 하는 경우가 있다. 선수들이 무두봉의 '무'자만 나와도 벌벌 떨 정도로 훈련의 강도가 엄청나게 세다고 한다. 특히 레슬링·복싱·역도 등 투기종목 선수들이 무두봉 훈련을 많이 하는 편이다. 하지만 북한에서 가장 신경 쓰는 스포츠 종목은 뭐니뭐니 해도 축구다. 그래서 축구는 이중으로 훈련을 시키고 있다. 체육촌에서는 기초훈련 위주로 하고, 평양시 사동구역 송신동에 위치한 축구전용 '송신종합훈련소'에서는 체력·전술 훈련을 한다.

2017년 5월 16일에는 대동강과 함께 평양의 젖줄기로 불리는 '보통강 강변지구'에 청춘거리 체육촌에 이은 두번째 체육공원이 조성됐다. 이 보통강변 체육공원은 7만여㎡ 면적에 230명을 수용할 수 있는 선수 숙소와 각종 체육시설을 갖췄다. 보통강변의 버드나무들과 최신식 건물이 잘 조화를 이루고 있으며, 배드민턴과 탁구 등 실내종목 경기를 할 수 있는 종합체육관과 인조잔디 축구장 그리고 농구와 배구를 함께할 수 있는 체육관을 갖추고 있다.

북한은 제2선수촌에 해당되는 보통강변 체육공원뿐만 아니라, 김정은 위원장의 지시로 평양과 각 도 소재지에 종합체육시설을 속속 건설하고 있다. 함경북도 청진과 함경남도 함흥, 양강도 혜산, 자강도 백두산지구에도 새로 체육시설이 조성되고 있다. 특히 백두산지구에는 동계종목 위주, 즉 아이스하키와 스피드스케이팅 경기장, 그리고 스키장과 숙소 등을 리모델링하고 있다. 또한 남포·청진·해주·사리원 등지에 새로운 체육단지가 빠르게 조성중인데, 이례적으로 야구장까지 새로 만들어지고 있다. 김정은 위원장은 젊고 개방적인 이미지를 강조하고 활달한 리더십을 과시한다는 측면에서 스포츠를 적극적으로 이용하는 것으로 보인다.

# 인민들의 애호 스포츠는
# 배구와 탁구

한국의 체육은 기본적으로 운동선수들 중심의 엘리트 체육과 일반인들을 위한 생활체육, 이 두 가지로 나뉘어 관리되어왔다. 축구·야구·배드민턴·테니스 등 한 종목 이상의 생활체육을 즐기는 인구가 2000만 명을 넘고, 등산까지 포함시키면 생활체육 인구는 국민의 절반을 넘는다.

이에 비해 북한은 형식적으로는 학교체육·군중체육·전문체육·국방체육으로 나뉘지만, 이는 기본적으로 북한 군인들의 체력을 길러 국방력을 강화시킨다는 것을 전제로 한다. 생활체육이든 전문체육이든 '기-승-전-국방체육'인 셈이다. 생활체육이란, 원래 누구나 자유롭게 본인의 건강과 재미를 위해 즐기는 것이다. 그러나 북한판 생활체육인 군중체육은 개념부터가 다르다. 노동자들의 체력을 증진시켜서 생산성을 높이고, 그들이 군에 입대해서 국방을 튼튼하게 해야 한다는 것을 바탕에 깔고 있다. 그러니까 생활체육이 인민들의 건전한 여가생활과 건강 증진이 아니라 생산성 향상과 국방력 강화를 위한 수단이란 것이다.

기본 전제는 그러하지만, 북한의 일반 인민들이 일상생활에서 즐기는 스포츠 중에는 구기종목인 배구가 가장 인기 있다. 공 하나만 있으면 여러 명이 한꺼번에 즐길 수 있을 뿐 아니라, 다른 종목에 비해 신체 접촉이 거의 없고 네트 하나만 쳐놓으면 할 수 있기 때문이다. 배구공도 개인이 소유하는 경우는 거의 없어서, 주로 공장이나 기업소 단위로 예산으로 산 것을 사용한다. 배구를 하려는데 막상 인원이 부족하면 6인제가 아니라 3인제 또는 4인제 배구를 하는 경우도 많다. 배구 코트의 네트 높이도 국제 규격의 $2m43cm$(남자)나 $2m24cm$(여자)가 아니라 $2m$안팎으로 낮춰놓고 하곤 한다.

흔히 직장에서 함께 즐기는 배구와는 달리, 마을에서는 개인종목인 탁구를 주로 즐긴다. 북한의 탁구는 전문체육과 군중체육 모두 중국의 영향을 많이 받았다. 중국의 탁구는 세계탁구에서 그 비중이 8할을 차지할 정도로 실력도 막강하고 즐기는 인구도 압도적이다. 그래선지 중국과의 교류가 잦은 북한도 전국에 1200여 개의 탁구구락부가 있을 정도로 많은 사람들이 즐기고 있다.

탁구 라켓은 일본제 미즈노 등 고급 제품은 당 고위층이나 갖고 있고, 대부분의 인민들은 북한에서 만든 조악한 라켓을 사용한다. 그나마 판자를 깎아 운동화 깔창을 붙여서 만들었던

북한의 생활체육은 그 종류가 한정적이고, 환경도 열악하지만, 그래도 많은 이들이 스포츠를 즐기고 있다. 특히 평양 주민들은 다른 지역 주민들보다 다양한 스포츠를 접하고 있다. 1994년 문을 연 평양볼링관은 40레인을 갖춘 대형 볼링장으로, 많은 평양 주민들이 이용한다고 알려져 있다.(사진=연합뉴스)

1970~1980년대에 비해서는 많이 좋아진 것이다. 그래도 많은 인민들이 평일 퇴근 후나 주말에 탁구를 즐기는 모습을 흔히 볼 수 있는데, 실내 탁구장뿐만 아니라 실외 탁구장도 많다. 실외 탁구장엔 대개 비나 눈을 피하기 위해 포장을 씌우고 있다.

그 외의 대중 스포츠를 보자면, 북한에도 볼링장이나 테니스장이 없는 것은 아니지만 드물다. 아무래도 볼링장이나 테니스장을 만드는 데 돈이 많이 들고, 이를 하는 비용 또한 만만찮기 때문이다. 수영 역시 마찬가지다. 실내 수영장 자체가 손으로 꼽을 정도로 적다. 대개는 강이나 저수지에서 수영을 즐긴다. 그러나 평양에

1장 북한 스포츠, 그것이 알고 싶다

사는 인민들 가운데는 볼링을 즐기는 사람들이 의외로 많이 있다. 볼링은 지난 1994년 재일 조총련 동포들의 지원으로 평양의 대동 강변 문수동에 40레인을 갖춘 '평양볼링관'이 개관되면서 본격적으로 대중화되기 시작했다. 지난 2018년 4월『로동신문』이 "평양 볼링관 개관 이후 1300만여 명이 이용했다"고 보도한 바 있는데, 약간 부풀렸다고는 해도 볼링이 평양에서만큼은 대중적 스포츠로 자리 잡았다는 것을 알 수 있다.

물론 개인 볼링공을 소유하는 사람도 거의 없고, 평양을 제외한 곳에는 볼링장이 한 곳도 없다. 평양에만 볼링장이 4곳 있다.

한편 북한에도 골프장은 있다. 평양에 있는 태성호 옆 18홀짜리 정규 홀과 양각도 미니골프장 등이다. 특히 2000년에 개장한 양각도 골프장은 규모는 작지만 멀리 대동강을 바라보면서 라운딩을 할 수 있어서 전망이 매우 뛰어나다. 파3 9개 홀로 전체 길이가 926야드밖에 안 되는 미니 홀로, 147야드가 가장 긴 홀이고 짧은 홀은 67야드다. 벙커도 9개 홀 전체를 통틀어 2개뿐이므로, 전체 라운딩을 하는 데는 대략 1시간이면 충분하다.

호텔에 묵는 투숙객들의 편의를 위해 만들어진 외화벌이용 골프장이라 카터·골프·골프장갑·모자는 말할 것도 없고, 골프채 등 골프용품은 거의 모두 미국산이거나 일본산이다. 물론 캐디는 북한 사람이지만.

또한 지난 1990년대 초엔 자강도 강계시와 평양 능라도경기장

옆에 현대적인 롤러스케이트장도 만들어졌다. 롤러스케이트장은 볼링장과는 달리 평양뿐만 아니라 강계·나진·평산 등 지방도시에도 많이 생겨서 대중화되고 있는 중이다. 아무래도 사계절 탈 수 있다는 장점 때문에 많은 인민들이 선호하는데, 역시 사람들이 자기 롤러스케이트를 가지는 경우는 거의 없고 스케이트장에서 빌려서 탄다. 그래서 길거리에서 롤러스케이트를 타는 사람은 거의 눈에 띄지 않는다.

좀 이색적인 대목을 꼽자면, 태권도를 하는 여성이 의외로 많다는 점이겠다. 1993년 율동 형태의 '건강태권도' '소년태권도' '노인태권도' 등을 개발해서 기업소나 협동농장 등에 보급했기 때문이다. 어린이나 노약자 등도 음악에 맞춰 따라하기 쉽도록 기본 동작을 개편하여 50개 동작으로 단순화한 것이다. 이렇게 어렵지 않게 접할 수 있게 된 것이 여성 태권도 인구를 늘이는 데 결정적인 계기가 되었다.

또한 대중율동체조도 많이 보급되었다. 남한의 에어로빅과 같은 대중율동체조는 국가체육지도위원회 체육과학연구소에서 개발한 것으로, 누구나 쉽게 배울 수 있는 '15개 율동 동작'으로 구성되어 있다. 북한 당국은 대중율동체조가 피로회복뿐만 아니라 몸매 가꾸기에도 효과적이라고 말한다. 율동태권도와 율동체조가 널리 보급된 것은 별다른 시설이나 기구 없이도 쉽게 할 수 있기 때문이기도 하다.

# 데니스 로드맨과 김정은의
# 묘한 우정

미국 남자프로농구리그 NBA의 스타였던 데니스 로드맨은 2013년 2월 첫 방북을 시작으로 5년여 동안 무려 다섯 차례나 북한을 찾았다. 북한이나 김정은에게는 '세계적인 단골손님'(?)인 셈이랄까. 그래선지 로드맨 방문에 대한 김정은 위원장의 대우도 극진하다. 외국 원수들이 방북했을 때도 하지 않는 자기 별장으로의 초대는 물론, 승마와 요트도 함께 즐기면서 "내가 가장 좋아하는 친구"라는 말을 서슴없이 한다. 어째서 이 두 사람이 이렇게 친한 사이가 됐는지 궁금해지는 대목이다.

로드맨은 NBA에서도 다소 독특한 이력을 갖고 있다. 키는 2m01cm로 NBA의 파워포워드로는 작은 편인데, 1991~1992 시즌부터 1997~1998 시즌까지 7년 연속 리바운드 1위를 기록했고, 1990~1991과 1991~1992 두 시즌 연속으로 '올해의 수비상'을 받기도 했다. 위치 선정을 잘하며 짧고 빠르게 3~4번 연속해서 뛰어 리바운드를 한다. 그런 운동능력을 바탕으로 자신보다 훨씬 큰 $2m10\sim2m20cm$ 대의 상대팀 센터진을 압도하면서 다량의 리바운드를 잡아내곤 했다. 농구황제 마이클 조던 그리고 스카티 피펜과 함께 시카고 불스에 소속돼 있으면서, 시카고 불스가 NBA 우승 3연패를 하는 데 기여했다. 당시 공격은 마이클 조던, 수비는 데니스 로드맨이라는 소리를 듣기도 했다.

또한 로드맨은 농구계의 '악동'으로도 유명했다. 경기 도중에도 걸핏하면 상대 선수와 싸워 퇴장을 당하는 경우가 비일비재했다. 그리고 온몸에 새긴 문신과 알록달록한 머리염색, 그리고 코와 귀에 피어싱을 하는 등 눈에 확 띄는 모습으로 다녔다. 게다가 사생활도 복잡하다. 유명 여가수인 마돈나와도, 무명 영화배우와도 염문을 뿌리는가 하면, 도박과 마약 스캔들에 자주 휘말리기도 했다.

이런 로드맨이 처음 북한을 방문했던 건 개인이 아닌 팀으로서였다. 2013년 2월 전세계를 돌며 농구 묘기를 보여주는 미국의 '할렘 글로브트로터스'팀과 함께 방문했던 것이다.

이 방문에는 사연이 있었다. 당시 미국 케이블TV HBO방송국은 위험한 지역이나 인물을 취재하여 소개하는 프로그램을 제작하고 있었다. 그 프로그램에서 세계에서 유일하게 3대 세습을 하는 북한 정권과 그 집권자인 김정은에게 관심을 가지고 인터뷰를 시도했는데, 김정은이 농구광이라는 걸 알고서는 마이클 조던을 인터뷰어로 섭외하려 했다. 그런데 조던은 제안을 고사했고, 대신 로드맨을 섭외해 그가 할렘 글로브트로터스팀과 함께 북한에 김정은을 만나러 가게 된 것이다.

물론 로드맨은 김정은의 '김'자도 모를 때였지만 농구광인 김정은은 당연히 데니스 로드맨을 잘 알고 있었다. 김정은은 NBA 스타플레이어 출신인 데니스 로드맨의 방북을 크게 환영했다. 숙소로는 고려호텔 39층을 통째로 쓰게 했고, 연일 북한 최고의 음식을 대접했다. 이후 두 사람은 30년 나이 차이를 극복하고 마치 오래된 친구처럼 지내게 되었다고 한다. 늘 세계최정상 NBA 농구를 동경해왔던 김정은은 NBA 스타 로드맨을 보자마자 친근감을 갖게 된 것으로 보인다.

첫 방문에서 할렘 글로브트로터스 농구단은 평양 시내에 있는 류경정주영체육관에서 김정은 위원장과 부인 리설주, 그리고 장성택 부위원장 등 북한 지도자들과 로드맨이 나란히 앉아 지켜보는 가운데 묘기 농구 시범을 보였다. 시연이 끝난 후 로드맨과 김정은은 서로 덕담을 나누며 이런 방북 농구행사를 자주 갖자고 약속했던 모양이다.

농구여행을 마치고 미국에 돌아온 로드맨은 ABC방송에 출연해 김정은 위원장이 오바마 대통령과 전화 통화를 원한다고 말하기도 했다. 물론 김정은과 오바마의 통화는 이뤄지지 않았다. 미국의 주요 언론들은 '쓸데없이 농구쇼 같은 데에 돈을 쓰지 말고, 굶

데니스 로드맨의 방북은 한국과 미국에서도 큰 화제가 되었다. 사람들은 처음엔 로드맨의 단순한 일회적 기행으로 여겼지만, 로드맨은 1차 북미정상회담을 맞아 회담 장소인 싱가포르에도 가는 등 북한에 대해 지속적인 관심을 보이고 있다.(사진=연합뉴스)

주리고 있는 인민들과 억울하게 투옥된 사람들의 인권에 신경을 쓰길 바란다'며 김정은을 비판하기도 했다.

　팀 소속으로 방문한 후 7개월 뒤인 2013년 9월, 이번에는 로드맨이 혼자 북한을 방문했다. 이 두번째 방북에서는 김정은 위원장의 바닷가 별장에서 일주일을 보내면서 음주 파티와 제트스키, 승마 등을 즐기며 보냈다. 같은 해 12월 19일 세번째로 북한을 방문했지만 그때는 김정은 위원장을 만나지 못했다. 로드맨이 방북하기 불과 일주일 전인 12월 12일 김정은 위원장이 자신의 고모부

장성택을 처형했던 시점이었던 탓이다.

이듬해인 2014년 1월 로드맨이 김정은 위원장 앞에서 생일 축하 노래를 부르기도 했던 네번째 방문에서 드디어 문제가 터졌다. 로드맨이 북한에 억류되어 있는 케네스 배에 대해 '그가 잘못한 것이 맞다'고 말해 미국 언론으로부터 강한 비난을 받은 것이다. 곧바로 미국 국무부가 "로드맨은 미국 정부를 대표하는 사람이 아니고, 방북도 개인적인 일이다"고 강조해 밝히기도 했다.

로드맨은 2017년 6월 13일 3년여 만에 다섯번째로 평양을 찾았다.

# 북한 축구 대표팀을 맡은
# 외국인 감독들

북한은 정치·경제·사회 등 어느 분야나 바깥세계와는 철저하게 고립된 폐쇄 사회로, 이는 스포츠계도 마찬가지다. 하지만 축구에서는 2명의 외국 감독이 국가대표팀을 맡았던 적이 있다.

1991년 헝가리 출신 팔 체르나이 감독이 첫번째 북한의 외국인 감독이 되었고, 2016년에 노르웨이 출신의 욘 안데르센이 북한 국가대표 축구팀의 두번째 외국인 감독이 되었다.(안데르센은 2018~2019년에 K리그 인천 유나이티드의 감독을 맡았기 때문에 한국 축구팬들에게도 잘 알려져 있다.)

체르나이 감독은 헝가리 출신으로 1950년대 서독으로 이주해서 독일 분데스리가에서 뛰었지만, 선수로서는 큰 활약을 하지 못했다. 하지만 그는 감독으로서는 화려한 경력을 남겼는데, 1978년부터 1983년까지 독일의 최고 명문팀 바이에른 뮌헨의 감독을 맡아 두 번이나 우승시키기도 했다.

유럽축구는 독일 분데스리가, 스페인 프리메라리가, 잉글랜드 프리미어리그, 이탈리아 세리에A리그 등 4개 리그가 번갈아가며 유럽(세계) 최고 리그 자리를 다투고 있는데, 1970~1980년대엔 분데스리가가 최고 리그였다.(차범근 선수도 그 시기에 분데스리가에서 뛰었다.) 그런 시기에 두 번이나 리그 우승을 차지했으니, 감독으로서는 최고의 자리에 올랐었다고 봐도 크게 무리가 아닐 것이다. 북한 축구가 1980년대 중반 이후 국제축구 무대에서 급격한 하향세를 겪던 시절, 체르나이 감독 영입은 그런 정체된 흐름에 변화를 주기 위한 절체절명의 한 수였다고 볼 수 있다. 그러나 전체적인 시스템을 그대로 놔두고 유능한 외국인 지도자 한 명의 영입으로 변화를 주는 것으로는 한계가 있었다. 2002년 한·일 월드컵 때의 히딩크 감독이나 최근 베트남 축구를 발전시키고 있는 박항서 감독 등의 경우는, 두 나라의 축구 시스템이 어느 정도 갖춰진 상태에서 훈련방식을 바꾸고 정신력을 강화시킴으로써 가능했던 것이다.

북한 대표팀을 맡을 당시 체르나이 감독은 유럽에서도 유명 축구팀을 맡지 못하고 조국인 헝가리 프로리그 하위권에 있는 팀을 맡고 있던 때였다. 나이도 환갑을 훨씬 넘겨 지도자로서 하향 길을 걷던 때 북한팀을 맡았고, 이를 끝으로 지도자 생활을 접어야 했다. 북한은 1993년 10월 카타르 도하에서 열린 미국 월드컵 아시아지역 최종예선까지 진출했지만, 한국에 0대3으로 패하는 등 최하위로 탈락했고, 대회가 끝나자마자 체르나이 감독은 도하 현지에서 곧바로 헝가리로 돌아가야 했다.(일설에는 대표팀에 대한 북한 고위층의 간섭이 심했으며, 북한 코치들이 감독을 건너뛰고 직접 지시를 내리는 등 체르나이 감독은 무늬만 감독일 뿐 단순히 고문 역할에 그치고 말았다고 하기도 한다.)

북한은 2010년 남아공 월드컵 때 국내 출신 감독(김정훈)으로 본선에 오르기도 했지만, 브라질·포르투갈·코트디부아르 등에게 3전 전패(1골 12실)를 당하며 본선 최하위로 탈락하고 말았다. 그 후 북한 축구는 아시아권에서 중상위권에 머물렀다. 아시아지역 월드컵 최종예선(10개국)까지는 매번 올라갔지만, 최종 월드컵 티켓(4~5장)을 따는 데는 번번이 실패했다. 한걸음이 계속 부족했던 것이다.

결국 북한은 2016년 5월 노르웨이의 욘 안데르센을 대표팀 감독으로 영입하기에 이른다. 그 당시 남한은 독일 출신 울리 슈틸리케 감독이 부임한 이후 2015년 아시안컵 준우승과, 월드컵 2차예선 전승 행진을 이어가며 비교적 좋은 성과를 올리고 있었다. 그에 자극받았는지 어땠든지 북한도 외국인 지도자를 선임한 것이다.

체르나이 감독이 헝가리 출신이었지만 '독일통'인 것과 마찬가지로, 안데르센 감독 역시 노르웨이 출신이지만 '독일통'이었다. 안데르센 감독은 선수 시절도 화려했는데 1990년 독일 분데스리가에서 외국인 선수로는 처음으로 득점왕을 차지했었다. 은퇴한 이후 2000년 초부터 지도자 생활을 시작해 세계 각국의 프로팀에서 지휘봉을 놓지 않았다. 분데스리가 마인츠, 그리스리그 AE라리사, 오스트리아리그 SV잘츠부르크가 그가 맡았던 팀들이다.

북한은 안데르센 감독이 '특A급 유럽감독'들에 비하면 크게 부담이 가지 않는 몸값(첫해 100만 달러, 둘째 해 120만 달러)에 괜찮은 지명도를 가지고 있으면서, 독일 분데스리가의 시스템과 선진축구의 기술 및 전술을 전수해줄 인물로 적합하다고 본 것이다. 그리하여 안데르센 감독은 2016년 5월부터 2018년 3월까지 1년10개월 동안 북한 대표팀을 맡았다. 첫해에는 6승1무1패를 기록하며 2017년 동아시안컵 본선 진출권을 따냈지만, 2016년 12월 재계약 이후로는 3승5무4패로 성적이 저조했다.

안데르센 감독은 북한 대표팀을 2019년 아시안컵 본선 진출에 성공시키기도 했지만, 더 이상 계약을 연장하지 못했다. 안데르센 감독 말에 의하면, 북한이 유엔과 미국의 강력한 경제 제재로 인해 연봉을 제대로 주지 못하게 되자 먼저 결별을 권했다고 한다. 하지만 그는 재임 중 한광성(세리에A의 칼리아리 칼초), 정일관(스위스리그의 루체른) 등 몇몇 선수들의 유럽 프로리그 진출에 결정적 역할을 하기도 했다.

# 김정은의 스포츠 실력은
# 어느 정도일까?

김정은은 대중에 안 알려져 있던 시절, 1998년부터 2000년까지 스위스 베른의 공립학교에 다녔다. 그때 김정은은 10대 중반이었으며, 키는 지금의 167cm로 똑같았지만 체중은 지금(118kg)의 절반이 조금 넘는 62kg밖에 나가지 않았다. '박운'이란 가명을 쓰고, 북한대사관 직원의 아들로 행세를 했기 때문에 당시에는 그가 북한의 최고권력자 김정일의 아들이라는 사실을 아무도 몰랐다.

이 시절 김정은은 주로 나이키 유니폼을 입고 다녔는데, 복장은 그다지 화려하지 않고 단순했다고 한다. 마르지도 찌지도 않은 적당한 체격에 비교적 몸이 날랬다. 겨울에는 주로 스키를 즐겼다. 스키를 타러 갈 때는 3~4명씩 어울려서 가는데, 유럽 학생들은 주로 더치페이를 하지만 김정은은 자신의 몫보다 더 많이 내는 경우가 자주 있어서 동료들 사이에서도 인기가 좋았다고 한다.

NBA의 광팬이었던 김정은은 여름 스포츠로는 주로 농구를 즐졌다. 시카고 불스의 마이클 조던을 좋아해서 친구들과 경기를 할 때면 조던의 플레이를 따라하기도 했다고 한다. 스위스도 유럽국가인 만큼 축구 열기가 가장 뜨거워서 학생들도 대개 축구를 즐기는 편이었는데, 김정은이 축구를 하던 친구들을 농구로 끌어들여 같은 반 학생들 가운데는 농구를 즐기는 학생들이 많았다고 한다.

김정은은 농구의 포지션 가운데 포인트가드를 맡았는데, 코트 안팎에서 동료들을 잘 리드했다. 그러나 패스나 슈팅 드리블 등 기본기는 약해서 실수하는 경우가 많았다. 나이키 운동화나 유니폼을 보고 체육선생이 "운이는 유니폼은 화려한데 실력은 프로가 되려면 아직 멀었다"고 농담할 정도였단다. 그래도 승부욕은 강해서 경기 후 승패를 떠나 반드시 복기를 했는데, 만약 경기에 패하면 패인 분석을 매우 예리하게 해서 농구 실력보다 분석 능력이 더 뛰어났다고 한다.

스위스 유학 중에 가장 친했던 친구인 주앙 미카일로 씨의 말에 의하면, 농구나 스키 실력은 동료들 가운데서 중상中上 정도였다고 한다. 포르투갈 외교관의 아들인 그는 김정은과 함께 농구뿐만 아니라 스키도 빠지지 않고 함께한 이른바 절친이었다. 김정은의 초대로 집(당시 스위스 북한대사관 인근의 고급 아파트)을 방문해서 농구황제 마이클 조던이 나오는 영상물을 보기도 했다고 한다.

김정은이 9학년 학기 도중 중퇴하고 북한으로 돌아가면서 미카엘로에게 자신이 북한 지도자 김정일의 아들이고, 실제 이름이 김정은임을 밝혔다. 그러나 당시 미카엘로 씨는 그 말을 전혀 믿지 않았다고 한다. 2012년 오스트리아 빈에서 요리사로 일하고 있던 그를 북한대사관에서 찾아와 평양으로 초대한다는 김정은의 메시지를 전했다. 그리고 그는 2012년 7월 21일에 2박3일간의 일정으로 평양을 방문해 굉장한 환대를 받았다. 당시 김정은의 부인인 리설주는 물론 동생 김여정도 참여한 식사자리를 가졌고, 호텔 스위트룸에 머물면서 평생 경험하지 못한 호사를 누리기도 했다.

지금은 은둔 상태인 김정은의 친형 김정철도 농구를 매우 좋아했다. 두 사람은 김정은이 스위스에서 돌아와 김일성종합대학에 들어가기까지 1년여 동안의 공백 기간에 자주 어울려 주로 1대1 농구를 했다. 김정철은 김정은보다 키(1m70cm)도 약간 더 크고 민첩성도 있어서 1대1 농구 대결은 7대3 정도로 김정철이 이기곤 했다. 또한 둘은 팀을 꾸려 3대3 또는 4대4 농구 시합도 자주 했었다.

두 형제의 성격 차이가 농구 경기에도 그대로 드러났다고 한다. 형인 김정철은 시합이 끝나면 승패를 떠나서 팀원들과 함께 서로 격려를 해주고 웃으며 헤어졌지만, 김정은은 경기를 이기건 패하건 자신이 경기 도중 느꼈던 것 가운데 지적할 부분이 있으면 팀원들을 불러세워놓고 "동무, 아까 말이야 슛이 아니라 패스를 했어야지 내가 골밑에 있었는데…" "그리고 동무… 왜 그렇게 개인행동을 좋아해"라며 불만을 토로하곤 했다는 것이다.

그는 최고권력자의 자리에 오른 후에는 농구를 한 적이 없다.

하기야 마음 편하게 농구를 할 상황이 아니었을 것이다. 또한 이제는 할아버지 김일성을 연상시키게끔 일부러 살을 찌웠으니 농구만이 아니라 다른 운동도 하기 힘든 몸이 됐다. 김정은이 스위스 유학을 마치고 북한에 막 돌아왔을 때는 대략 체중이 60kg를 살짝 넘긴 정도로 보였는데, 지금은 체중이 120~130kg 이상 돼 보인다. 김정은이 집무실이나 별장에서 러닝머신을 타는 경우가 있는데, 20분을 채 넘기지 못한다고 한다.

# 2장

# 북한
# 스포츠 스타
# 23인

# 아시아 최고의 육상선수
## 신금단

아시아 국가들은 전통적으로 육상 종목에서는 약했다. 하지만 그런 중에서도 인도의 P.T.우샤, 중국의 류시앙, 일본의 무로후시 부자父子 등 전설을 남긴 선수들이 있었다. 그 가운데도 최고는 역시 북한의 신금단이라고 할 수 있다.

P.T.우샤는 1986년 서울 아시안게임에서 여자 $100m$, $200m$, $400m$, $400m$계주, $1600m$ 계주 등에 출전해서 금메달 4개 은메달 1개를 땄으며, 1982년 자국에서 열린 뉴델리 아시안게임부터 1998년 방콕 아시안게임까지 5번 아시안게임에 출전한 철녀였다. 그러나 우샤는 올림픽이나 세계선수권대회에서의 입상 기록은 없다. 아시아라는 좁은 울타리 안에서만 존재가치를 자랑했을 뿐이다.

중국의 류시앙은 아시아선수 최초로 남자육상 $110m$ 허들에서 세계무대를 섭렵했다. 류시앙은 2004년 아테네 올림픽에서 12초

91의 세계적인 기록으로 금메달을 땄고, 2007년 오사카 세계선수권대회에서도 역시 금메달(12초95)을 획득했다. 다만 홈에서 열린 2008년 베이징 올림픽 때 15억 중국인들의 기대를 잔뜩 안고 출발선에 섰지만, 부상으로 기권하고 말았다. 류시앙은 2002년 부산 아시안게임, 2006년 도하 아시안게임 그리고 2010년 광저우 아시안게임 남자육상 110m 허들에서도 3연패를 이뤄냈다.

일본의 무로후시 부자는 아시안게임에서 무려 7개의 금메달을 땄고, 올림픽과 세계선수권대회에서도 금메달을 획득했다. 아버지 무로후시 시게노부는 1970년 방콕 아시안게임부터 1986년 서울 아시안게임 때까지 남자 투포환 5연패의 위업을 달성했다. 아들 무로후시 고지 역시 1998년 방콕 아시안게임과 2002년 부산 아시안게임에서 남자 투포환 2연패를 했고, 2004년 아테네 올림픽과 2011년 대구 세계육상선수권대회 투포환에서도 금메달을 따내 일본 육상의 영웅이 되었다.

그러나 우샤, 류시앙, 무로후시 부자 모두 신금단의 기록에는 미치지 못한다. 신금단은 실로 역대 아시아 최고의 육상선수였다. 신금단은 1938년 7월 3일생으로 지금은 여든 살이 넘었다. 신금단은 1962년 7월 소련의 모스크바에서 열린 즈나멘스키 형제상兄弟賞 쟁탈 국제육상경기대회에서 국제무대에 처음 모습을 드러냈다. 신금단이 그 대회에 출전했을 때는 여자 육상선수로서 적은 나이가 아닌 스물네 살이었지만 400m는 53초, 800m는 2분01초의 세계정상권 기록으로 2관왕에 올랐다.

신금단은 이듬해인 1963년 인도네시아 자카르타에서 열린 제1회 가네포 대회에 출전했다. 가네포GANEFO, Games of the New Emerging Forces 대회는 신흥국가경기대회 또는 신흥국 올림픽으로도 불렸으며, 아시아·아프리카·유럽·남아메리카의 51개국 약 2700명의 선수들이 참가했다. 신금단은 이 대회에서 $200m$(23초5), $400m$(51초4), $800m$(1분59초1)에서 모두 세계정상권 기록으로 3관왕에 올랐다. $400m$와 $800m$는 비공인 세계신기록이었다. 중거리 전문 선수가 단거리인 $200m$까지 출전해서 세계적인 기록을 세웠다는 것을 보면, 신금단이 얼마나 육상에 뛰어난 자질을 가진 선수였는가를 알 수 있다.

신금단의 세계신기록이 비공인인 이유는 이 가네포 대회가 IOC에서 인정하지 않는 대회였기 때문이다. 제1회 가네포 대회를 개최한 인도네시아는 1962년 제4회 자카르타 아시안게임의 개최국이었는데, 이때 중화민국(대만)과 이스라엘 선수들에게 대회 출전을 위한 비자를 발급해주지 않았다. 그래서 IOC가 자카르타 아시안게임을 정치적인 대회라고 강력하게 비난하면서 개최국 인도네시아를 IOC에서 제명하는 초강수를 두었다. IOC의 인도네시아에 대한 강력한 제재가 있은 후 인도네시아를 비롯해서 중화인민공화국(중국)과 아랍연합공화국(1958년 이집트와 시리아가 통합하여 수립된 국가로, 1961년 시리아가 탈퇴한 이후에도 이집트는 아랍 국가들의 통합을 희망하며 1971년까지 계속 이 국호를 유지했다)의 주도로, 유럽·아시아·아프리카의 12개국이 IOC에 대항하여 1962년 말 신흥국경기연맹을 창설했다.

그런데 신흥국경기연맹의 헌장에는 스포츠와 정치가 불가분의 관계에 놓여 있다는 내용이 들어 있어, 스포츠와 정치를 분리하는 IOC의 헌장에 정면으로 반대되었다. 그래서 IOC는 가네포 대회를 불인정하기로 하고, 가네포 대회에 출전한 모든 선수들의 올림픽 출전을 금지시켰다. 이것이 신금단에게는 이른바 '도쿄의 비극'을 맞는 원인이 되었다.

신금단은 6·25전쟁으로 가족을 잃어버린 이산가족이었다. 1·4 후퇴 때 신금단의 아버지 신문준 씨는 가족을 모두 북한에 남겨놓고 홀로 남하해 가족이 흩어지게 되었다. 신금단의 국제 스포츠무대에서의 활약상이 국내에도 알려지면서 이를 안 아버지 신문준 씨가 대한올림픽위원회KOC를 찾아가 북한의 육상 선수 신금단이 자신의 딸임을 밝혔고, 그 이야기를 전해들은 신금단도 그가 아버지라는 사실을 인정했다. 신문준 씨는 딸과 헤어진 지 21년 만에 다시 만나기를 원했고, 당시 남과 북 당국자들은 도쿄 올림픽이 끝난 후 부녀를 만나게 하려 했다.

그러나 신금단은 도쿄 올림픽에 출전하기 위해 현지까지 왔다가 가네포 대회에 나간 것이 빌미가 돼서 출전이 불가능해졌다. 결국 그대로 북한으로 돌아가려다가 1964년 10월 9일 북한 선수단

政治의 障壁 앞에 다시 발버둥

# 斷腸의 38線 世界를 울렸다

辛金丹父女 14年만에 劇的相逢

사연도 많으련만…손잡고 울먹울먹

## 아버지! 금단아! 눈물의 15分
### 板門店式으로 監視의 눈총 속에…
## 잘가오 期約없이 슬픈 離別

신금단과 아버지 신문준 씨의 만남. 도쿄역에서의 이 짧은 만남은 휴전 이후 남북으로 갈라진 가족들이 만난 최초의 이산가족 상봉으로, 한반도의 많은 이들을 울렸다. 이 또한 스포츠가 이루어낸 작은 기적과 감동의 하나일 것이다.

이 기차를 기다리던 도쿄역에서 극적으로 7분 정도의 부녀父女 상봉이 이뤄졌다.

부녀는 극적으로 만났지만 처음에는 서로 아무 말도 하지 못하고 끌어안고 울기만 했다. 아버지가 말했다. "엄마도 잘 있고, 동생들도 잘 있니?" 딸은 답했다. "아바이! 다들 잘 있어요, 걱정 마시라요." 눈물의 상봉을 끝낸 부녀는 또 다시 만날 것을 약속했지만, 결국 재상봉은 이루어지지 못하고 신문준 씨는 그로부터 19년 후인 1983년에 사망하고 말았다.

한편 이 극적인 부녀 상봉으로 인해 '신금단이 혹시 남자 아니냐'는 의혹이 쏙 들어가기도 했다. 신금단의 기록이 당시 아시아 여자선수에게는 불가능한 것으로 여겨져 국제육상계에서는 혹시 그녀가 남자 아니냐는 말이 나돌기도 했던 것이다.

신금단의 기록이 어느 정도기에 이런 의혹까지 있었을까? 당시 유명했던 세계적인 선수로 러시아의 마리아 이트키나가 있었다. 마리아는 1962년 9월 4일 유고슬라비아 베오그라드에서 열린 육상대회에 나가 400$m$에서 53초4의 세계신기록을 세웠는데, 이는 신금단이 세운 비공인 세계신기록인 51초4와 약 2초가량의 차이가 있다. 또한 당시 400$m$ 한국신기록은 이학자 선수가 1961년 10월 12일 제42회 전국체육대회에서 세운 1분03초로, 신금단 선수의 기록보다 무려 12초나 뒤졌다. 2019년 현재도 여자육상 400$m$ 한국신기록은 2003년 제15회 전국실업단육상경기대회에서 울산시청의 이윤경 선수가 세운 53초67로 신금단이 50여 년 전에 세운 기록보다 2초 이상이나 뒤진다.

신금단의 50여 년 전 기록(51초4)은 지금도 올림픽이나 세계선수권대회에 메달 수상이 가능한 정도다. 2017년 런던 세계육상선수권대회에서 메달을 딴 미국의 필린스 프랜시스(49초92 금메달), 바레인의 살와 나세르(50초06 은메달), 미국의 엘리슨 필리스(50초08 동메달)의 기록에 신금단의 기록은 1초 안쪽밖에 차이가 나지 않는다.

신금단은 시대와 국가를 잘못 만난 선수라고 할 수 있다. 만약 국제적으로 인정받는 다른 국가에서 태어났다면 올림픽과 세계선수권대회에서 여러 개의 메달(또는 금메달)을 따냈을 것이 확실하다. 신금단은 비록 올림픽과 세계선수권대회에서 금메달을 따지 못했지만, 북한에서도 그녀의 기록을 인정해 은퇴 이후 조선민주주의인민공화국의 '인민체육인' 칭호를 수여했으며, 그녀는 압록강체육단과 국가대표의 육상지도원으로 활동했다.

# 남북한 최초로
# 올림픽 메달을 딴 한필화

북한은 역대 올림픽에서 모두 16개의 금메달을 획득했다. 16개 모두 하계올림픽에서 딴 것이고, 동계올림픽 금메달은 한 개도 없다. 하계올림픽 금메달 수도 모두 90개를 딴 남한과 8배 이상 더 차이가 나지만, 동계올림픽에서는 31개와 0개로 비교가 안 될 정도다.

그러나 동계올림픽 최초의 메달은 북한이 남한보다 더 빨랐다. 바로 1964년 인스부르크 동계올림픽에서였는데, 이 대회는 북한이 최초로 참여한 올림픽대회이기도 했다. 한국은 1948년 런던 올림픽부터 Korea라는 이름으로 출전을 했었지만, 북한은 이 인스부르크 동계올림픽에 'North Korea'라는 푯말을 앞세우고 처음 출전했다. 1월 29일부터 2월 9일까지 개최국 오스트리아를 포함해 36개국 1091명의 선수가 참가해 6개 종목에서 34개의 금메달을 놓고 12일 동안 열전을 벌였다.

인스부르크 동계올림픽 최고의 스타플레이어는 단연 러시아의 리디아 스코블리코바 선수였다. 리디아 스코블리코바는 러시아 초등학교 현역 교사였는데, 여자 스피드스케이팅 종목에 걸려 있는 금메달을 모두 차지했다. 당시에는 여자 스피드스케이팅 종목이 500m, 1000m, 1500m 그리고 3000m까지 모두 4개가 있었는데, 단거리부터 장거리까지 전 종목을 석권한 것이다. 만약 당시에도 지금처럼 5000m까지 있었다면 5관왕도 충분히 가능했을 것이다. 리디아는 1960년 스쿼벨리 동계올림픽에서는 여자 스피드스케이팅 1500m와 3000m 2관왕에 그쳤었는데, 4년이 지난 후 더 강해져서 돌아온 것이다.

스피드스케이팅 전 종목 석권은 리디아 이후 1980년 레이크플레시드 동계올림픽에서 미국의 에릭 헤이든이 남자 스피드스케이팅 500m에서 1만m까지 5종목을 모두 석권할 때까지 이것이 유일했다. 그렇지만 여자 스피드스케이팅 선수로는 리디아가 한 대회 최다 금메달을 보유하고 있다.

북한의 올림픽 최초 메달도 이 대회 스피드스케이팅에서 나왔다. 북한의 한필화 선수가 바로 그 주인공이다. 한필화는 평안남도 진남포 출신으로 인스부르크 동계올림픽에서 혜성처럼 나타나 여자 스피드스케이팅 3000m에서 리디아 스코블리코바 선수에 이어 은메달을 차지했다. 한필화 선수의 여자 스피드스케이팅 3000m 은메달은 남북한 최초의 동계올림픽 메달이자, 그 대회에서 북미와 유럽을 제외한 제3대륙의 유일한 메달이기도 했다. 북한은 한필화 선수의 은메달 1개로 종합 13위의 성적을 기록했다.

　한필화 선수는 당시 스물두 살로 여자선수로는 절정의 나이였는데, 키도 당시로는 장신인 170cm로 체격 조건도 좋았다. 그녀가 파워스케이팅을 구사해 달리는 모습은 마치 독일이나 러시아 선수처럼 다이나믹했다. 1972년 삿포로대회에서 또 다시 메달을 노렸지만 서른 살의 나이를 극복하지 못하고 여자 스피드스케이팅 3000m에서 9위에 머무르고 말았다.(1968년 동계올림픽에는 국호 문제로 IOC와 갈등을 빚으며 참가하지 않았다.)

　한필화 선수는 남쪽에 있는 오빠 한필성 씨와의 이산가족 상봉으로도 우리 기억에 깊이 남아 있다. 본래 한필화 선수 가족은 평안도에 살았는데, 1950년 6·25전쟁이 터지면서 한필성 씨만 가족을 북에 남겨놓고 홀로 남쪽으로 내려왔다. 한필성 씨는 1964년 인스부르크 올림픽에서 여동생 한필화가 북한 대표로 출전해서 은메달을 땄다는 소식을 접하면서 북에 남겨둔 가족 소식을 알게 되었다. 그 후 1971년 한필화 선수가 삿포로 프레올림픽(올림픽 전 준비 차원에서 하는 대회)에 참가하러 오면서 『아사히신문』의 주선으로 한필성과 한필화 남매는 전화 통화를 할 수 있었다. 그리고 그로부터 19년이 지난 1990년 삿포로 동계아시안게임에 한필화가 북한 임원 자격으로 참석했을 때 두 사람은 헤어진 지 40년 만에 극적인 상봉을 할 수 있었다.

1990년 삿포로에서 만난 한필성·한필화 남매. 1971년에도 두 사람의 상봉이 추진됐었지만, 정치적 갈등으로 무산되고 19년 후에나 만남이 이루어졌다. 분단의 벽은 높지만, 스포츠는 종종 그것을 넘게 해준다.

한필화 선수는 현재 은퇴를 한 후 '인민체육인' 칭호를 받고 있고, 1992년 알베르빌 동계올림픽 때는 북한 선수단의 단장으로 참여했었다.

# 남북한 최초의
# 올림픽 금메달리스트 리호준

　남북한을 통틀어 최초로 올림픽에서 금메달을 딴 선수는 누굴까? 바로 북한의 사격선수 리호준이다. 그는 1972년 뮌헨 올림픽 사격 남자 소구경 소총복사伏射에서 깜짝 금메달을 획득했다. 그는 당시 스물여덟 살의 현역 군인이었다. 그는 서독제 권총과 영국제 실탄을 사용해서 600점 만점에 599점을 쏴서 세계신기록을 세우며 금메달을 땄다. 그 종목에서 한국의 최충석 선수는 589점으로 60위에 머물렀다.

　그런데 리호준의 금메달 소감이 문제가 되었다. "원수의 심장을 겨누는 심정으로 총을 쐈다"라고 말한 것이 올림픽 정신에 정면으로 위배되었기 때문이다.(북한 자료에는 "저는 과녁을 조선인민의 철천지 원쑤인 미국놈의 털가슴으로 보고 쏘았습니다"라고 보다 생생하게 소개돼 있다.) 리호준의 말을 들은 미국 기자는 당시 국제올림픽위원회 IOC 위원장인 미국인 에이버리 브런디지에게로 달려가 상황을 직접 고발했다.

미국 기자의 말을 전해들은 브런디지는 격분하여 미국올림픽 선수단 단장에게 미국사격연맹 명의로 항의문을 작성해 IOC와 국제사격연맹에 제출하라고 지시했다. 정식 항의문을 전달받은 브런디지는 국제사격연맹 위원장에게 전화를 걸어 올림픽 헌장과 올림픽 이념을 심각히 거스르는 리호준의 사격 금메달을 박탈하고 뮌헨에서 추방시키라고 요구했다. 이에 스위스인 국제사격연맹 위원장은 자세히 알아본 다음 결정하겠다고 대답했다.

그러자 북한사격연맹 임원 손길천은 그 문제를 국제올림픽위원회 부위원장인 소련인 스미르노프에게 해결해주길 부탁하며, 각국의 사격연맹 임원들에게도 북한의 입장을 지지하게 해달라고 했다. 그날 오후 국제사격연맹 총회에서 미국 대표가 리호준의 발언에 대해 "미국인 증오사상" "호전적인 전쟁분위기 고취" "올림픽에 정치개입" 등으로 문제를 제기했지만, 각국 대표들 대부분의 동감을 얻어내지 못해 표결 결과 90% 이상이 미국사격연맹의 항의문 취소에 찬성했다. 결국 리호준의 금메달 시상식은 원래 예정된 오전 11시보다 5시간 늦은 오후 4시에 진행되었다.

리호준은 6·25전쟁 와중에 아버지를 잃었다. 평범한 농민이었던 리호준의 아버지는 전쟁이 일어나자 곧바로 입대했고, 1950년 가을 원산 동쪽계선 방어 전투에서 사흘 동안 싸우다가 머리에 심한 부상을 입고 후방 병원으로 후송되었는데, 나흘 만에 의식을 겨

리호준의 금메달 수상 소감은 스포츠도 체제 대결의 수단으로 쓰였던 냉전시대의 분위기를 잘 보여준다 하겠다. 북한 당국자들은 리호준의 과격한 발언이 내심 흐뭇하지 않았을까.

우 회복했으나 다시 후송되던 도중 미군의 기총사격을 맞아 사망했다. 그래서 리호준은 평소에 미국에 대한 증오심이 컸던 것으로 보인다.

리호준은 중학교를 졸업한 후 곧바로 군에 입대했다. 군 입대 2

년 만에 중대의 우등사수로 뽑혔고, 그 후 대대·연대·사단의 사격수로 인정을 받으며 인민군 '군사 3종경기'에 출전하게 되었다. 3종경기에서도 유난히 좋은 성적을 올리자 2·8체육단(4·25체육단의 예전 이름)에 사격선수로 발탁되었고, 북한의 최고 명사수로 인정을 받아 뮌헨 올림픽에 출전했으며, 결국 금메달을 획득하는 쾌거를 이루었다.

리호준은 1973년 4월 인민체육인의 칭호를 받았고, 1975년 8월 아시아사격선수권대회에서 아시아신기록을 4개나 세우면서 6관왕에 올랐다. 그리고 1978년 12월 방콕 아시안게임에서는 자신의 주종목인 소구경 소총 복사에서 금메달을 땄다. 리호준이 국제대회에서 잇따라 좋은 성적을 올리자, 김일성은 방콕 아시안게임 이듬해인 1979년에 새로 발행하는 우표에 리호준의 얼굴을 넣도록 지시했고, 바로 그해 말에 리호준의 얼굴이 새겨진 북한 우표가 발행되었다.

# 북한 쇼트트랙의
# 유일한 올림픽 메달 황옥실

　　북한의 스피드스케이팅을 대표하는 선수가 한필화라면, 쇼트
트랙 스피드스케이팅의 간판은 황옥실이다. 황옥실 선수는 북한
이 쇼트트랙 스피드스케이팅 분야에서 올림픽이나 세계선수권대
회 같은 국제대회를 위해 계획적으로 키운 최초의 선수다. 북한은
1987년부터 쇼트트랙 스피드스케이팅이 북한 선수들 체형에 알
맞다고 보고 체계적으로 육성을 시작했는데, 첫 결실이 황옥실이
었던 것이다.

　　황옥실은 순발력이 좋고 특히 코너를 잘 탔다. 비록 지구력은
약하지만 $500m$ 또는 $1000m$에 최적화된 선수로 두 종목 모두에
서 경쟁력이 있었다. 황옥실은 1991년 삿포로 동계유니버시아드
대회 여자 쇼트트랙 스피드스케이팅 $1000m$에서 금메달을 따냈
지만, 이듬해 열릴 알베르빌 동계올림픽에서 처음 정식 종목으로
채택된 쇼트트랙 스피드스케이팅의 메달 후보감으로는 언급되지

않았다. 유니버시아드대회는 올림픽은 물론 아시안게임보다 수준이 낮은 대회로 취급받았기 때문이다.

그러나 알베르빌 올림픽 여자 쇼트트랙 스피드스케이팅 예선, 준준결승, 준결승이 계속되면서 점점 가능성을 보이더니 결승전이 열리기 직전 최소한 메달은 딸 것으로 기대를 모았다. 과연 황옥실은 여자 쇼트트랙 스피드스케이팅 500m 결승에서 스타트 총성이 울리자 1위로 출발해서 줄곧 선두를 놓치지 않았다. 그러나 한 바퀴를 남겨놓은 상태에서 코너를 돌다 스케이트 날이 파진 얼음에 약간 박히면서 중심을 잃고 비틀거리더니 두 선수에게 추월을 당해 결국 3위로 골인했다.

황옥실 선수는 6년 후인 1998년 나가노 동계올림픽에서 다시 금메달을 노렸지만 서른 살의 나이는 어쩔 수 없었는지 예선에서 탈락하고 말았다. 그 후 황옥실 선수는 쇼트트랙 스피드스케이팅 국제무대에서 사라졌다.

그러나 북한은 황옥실 선수 이후에도 유망주들을 많이 배출해오고 있다. 그중에서 한련희와 정옥영 선수가 라이벌 관계를 이루면서 황옥실의 후계자로 손꼽혔다. 한련희 선수는 고등학교 때까지는 스피드스케이팅 500m, 1000m 그리고 1500m을 주종목으로 하는 선수였다. 1998년 백두산상체육경기대회 여자 스피드스케이팅 1500m에서는 비공인 아시아신기록을 세우기도 했다. 그후 한련희는 쇼트트랙 스피드스케이팅으로 전향해 정옥영과 라이벌 관계가 되었지만 결국 두 선수 모두 올림픽 메달 획득에는 실패했다.

황옥실 선수가 동메달을 딴 여자 쇼트트랙 스피드스케이팅 500$m$는 아직 한국이 올림픽에서 한 번도 금메달을 따보지 못한 종목이다.(남녀 전체로 넓혀도 1994년 릴레함메르 동계올림픽에서 금메달을 딴 채지훈 선수가 유일하다.) 언제 남한이든 북한이든 최초로 올림픽 쇼트트랙 스피드스케이팅 500$m$를 석권할 선수가 나올 것인지 궁금하다.

# 조선의 주먹왕, 구영조

북한의 복싱 영웅 구영조 선수는 그의 복싱 스타일답게 짧고 굵은 인생을 살다 갔다. 1955년생인 구영조는 2001년 마흔여섯 살의 나이로 사망했다.

구영조는 크고 작은 국제대회에서 10여 개의 금메달을 획득했다. 그 가운데 가장 돋보이는 것은 아시안게임과 올림픽 금메달이다. 구영조는 1974년 테헤란 아시안게임 복싱 플라이급과 1976년 몬트리올 올림픽 복싱 밴텀급에서 각각 금메달을 땄다.

구영조의 복싱 스타일은 그의 경기를 본 사람들에게 강하게 각인될 만큼 인상적이었다. 워낙 펀치가 강해 웬만한 상대는 2라운드 울리는 공 소리를 듣지 못하고 링 위에 눕고 만다. 그래서 북한에서의 별명이 '조선의 주먹왕'이었다.

구영조는 1967년 불과 열두 살 때 함경남도 함흥시 회상구역 체육구락부 리수근 지도교원에게 복싱을 배우기 시작했다. 리수근 교원은 일본의 오사카 거리에서 주먹을 휘두르다가 복싱을 배워 프로까지 된 일본 프로복싱 선수 출신이었다. 리수근은 왼손잡이인 구영조에게 오른손잡이 자세를 배우도록 했다. 그래서 구영조를 상대하는 선수들은 오른손잡이인 줄 알고 그가 뻗는 왼손 잽을 허용하다가 그로기 상태에 놓이기도 했다.

구영조는 복싱을 시작한 지 5년 만인 1972년 압록강체육단에 입단했다. 그리고 같은 해 9월 공화국선수권대회 복싱 종목에 출전했다. 그는 라이트플라이급 성인 경기에서 정확한 카운터펀치로 상대를 잇따라 KO로 제압하고 결승전에 올랐다. 그리고 불과 열입곱 살에 북한 플라이급 정상을 차지했다. 나아가 이듬해인 1973년 4월, 몽골 울란바토르에서 벌어진 체육신문상 국제복싱 경기에 처음으로 참가해서 구소련과 쿠바, 몽고 선수들에게 모두 KO 또는 RSC(프로경기의 TKO)로 이기고 금메달과 함께 최우수선수상을 거머쥐었다.

1974년 9월 테헤란 아시안게임 플라이급에 출전한 그는 몽골 선수를 비롯한 우승 후보자들을 차례로 제압하고 결승전에서 한국의 황철순 선수와 만났다. 황철순은 강한 펀치와 다양한 기술을 겸비한 까다로운 선수였지만, 구영조는 황철순을 일방적으로 두들겨서 5대0 심판 전원일치 판정승을 거두고 금메달을 목에 걸었다. 경기가 끝난 후 황철순은 "글러브를 낀 후 3라운드 동안 그렇게 많은 펀치를 얻어맞은 건 처음이었다"며 혀를 내두르기도 했

몬트리올 올림픽 복싱 결승전에서 찰스 무니와 겨루는 구영조. 그는 프로복싱계에 입문했다면 세계 챔피언까지 노릴 수 있을 정도로 강한 선수였다.

다.

링 사이드에서 구영조 대 황철순의 경기를 지켜본 아시아복싱 연맹 초드리 회장이 북한의 조선권투협회 서기장에게 "구영조 선수는 세계무대에 내놔도 손색이 없는 선수다"라고 극찬하기도 했다.

구영조는 1976년 몬트리올 올림픽에서는 한 체급 올려 밴텀급으로 출전했다. 그는 루마니아·불가리아·태국 선수들을 모두 KO로 제압하고 미국의 찰스 무니 선수와 결승전에서 만났다. 2년 전 아시안게임에서 구영조와 맞붙은 한국의 황철순은 16강전에서는 금메달 후보로 꼽히던 쿠바의 마르티네즈 선수를 제압했지만, 8강전에서 찰스 무니에게 3대2 판정으로 져 탈락하고 말았다. 그만큼 찰스 무니도 실력이 막강했다.

그러나 구영조는 미국의 금메달 후보 찰스 무니 선수에게 다운을 빼앗는 등 일방적으로 두들겨, 결국 5대0 심판 전원일치 판정승을 거두고 금메달을 차지했다. 프랑스의 AFP통신은 「현대권투의 모범, 아시아의 구영조, 올림픽금메달 쟁취」라는 제목으로 보도했으며, 신화사통신·AP·로이터 등 각국의 언론도 구영조 선수를 "아시아 최초의 올림픽 복싱 종목 금메달 수상자" "몬트리올 올림픽 복싱 각 체급 금메달리스트 가운데 가장 기량이 뛰어난 선수"라고 보도했다.

# 하나의 조국을 외친
# 세계챔피언 홍창수

2001년 6월 19일 평양 문수대의사당에서는 뜻깊은 행사가 벌어지고 있었다. 세계복싱평의회WBC 슈퍼플라이급(한계 체중 52.163 kg) 챔피언을 차지한 홍창수 선수가 북한의 '로력영웅' 칭호를 받은 것이다. 로력영웅은 북한에서 체육인이 받을 수 있는 칭호로는 마라톤의 정성옥이 받은 공화국영웅에 이어 두번째로 높은 것이다. 올림픽이나 세계선수권대회에서 금메달을 따면 '인민체육인' 또는 '공훈체육인' 칭호를 부여받지만, 로력영웅까지 받는 경우는 드물다.

홍창수는 '로력영웅' 칭호와 함께 금메달과 '국기훈장 1급'까지 받았다. 로력영웅 칭호 수여식에는 당시 김영남 최고인민회의 상임위원과 이동호 국가체육지도위원회 부위원장 등이 참석하기도 했다. 홍창수는 2000년 8월 WBC 슈퍼플라이급 타이틀전에서 한국의 조인주 선수를 꺾고 왕좌에 오른 공로로 로력영웅 칭호를 받았다. 홍창수도 그 경기를 자신이 현역시절 치른 가장 보람 있는 경기로 여기고 있다.

홍창수는 본래 재일본조선인총연합회(조총련) 계열의 재일교포 3세다. 아버지 홍병유 씨와 어머니 권민자 씨는 각각 경남 고성과 합천이 고향이다. 홍창수는 3남2녀 중 막내로 태어났다. 그의 부모들은 젊을 때부터 조총련에서 일을 했다. 부부는 조총련 도쿄 지부 부회장을 맡아 일을 하면서 재일동포 사이에선 꽤 알려져 있었다.

홍창수는 부모의 후원 아래 도쿄 조선중고급학교(중고등학교) 1학년 때부터 취미로 복싱을 시작했다. 열여덟 살 때 프로로 전향했는데, 부모들은 그가 취미로 복싱을 하는 것까지는 허용했지만, 복싱을 직업으로 삼겠다고 하자 극심히 반대했다. 그러자 홍창수는 부모의 허락을 받지 않은 채 오사카로 가서 본격적으로 복싱을 배우기 시작했다.

부모가 반대를 했기 때문에 처음에는 모든 비용을 스스로 벌어서 해야 했다. 그러나 2년 후 홍창수는 형의 도움으로 겨우 부모들로부터 허락을 받아낼 수 있었다. 특히 아버지는 아들에게 복싱선수의 길을 허락한 이후부터는 열렬한 후원자가 되었다. 오히려 체육관을 주선하고, 복싱 훈련에 들어가는 모든 비용을 대주었다.

홍창수의 정식 국적은 조선적朝鮮籍이다. 조선적은 1945년 종전 이후 재일 한국인에게 부여한 임시 국적이다. 일본과 정식 외교관

2004년 1월 3일 오사카 중앙체육관에서 열린 슈퍼플라이급 챔피언방어전 시합에 나선 홍창수.(왼쪽) 트렁크에 새긴 'ONE KOEA'라는 글자가 선명하다. 그는 자신이 남도 북도 아닌 하나의 조국에 속한 사람이라고 여겼다.(사진=연합뉴스)

계가 맺어지지 않았지만 외국인 관리가 필요했기 때문에 그러한 임시적 제도를 만든 것이다. 하지만 1965년 한일수교 이후에는 정식으로 국적이 부여되었기 때문에 한국과 가까운 교포들은 조선적을 한국 국적으로 바꾸었다. 하지만 일본 국적을 취득하지도 않고, 한국 국적으로도 바꾸지 않은 사람들은 '조선적'으로 남았다. 법적으로는 무국적자인 것이다.

일본 언론은 홍창수 선수가 조선 국적을 밝히고 프로복싱 세계 타이틀 매치에 나서 챔피언에 오른 최초의 '조선적' 선수라고 부르고 있다. 그래서 불이익도 감수해야 했다. 일본에서 열리는 세계 타이틀매치로서는 보기 드물게 TV 중계가 없었고, 그에 따라 수입도 줄어들었다. 당시 일본은 프로복싱 호황기여서 거의 모든 세계타이틀 매치를 저녁 7시부터 9시 사이인 프라임타임에 중계했으며, 따라서 일본의 프로복싱 세계챔피언들은 세계타이틀 매치를 한 번 할 때마다 수억 원의 개런티를 받았다. 그것이 프로복서들 수입의 대부분을 차지했지만, 홍창수는 그런 개런티에서 손해를 봐야 했다.

홍창수의 경기에는 TV 중계가 없는 대신 조총련들의 응원이 적지 않았다. 그가 세계타이틀 매치를 치를 때마다 수천 명의 조총련계 사람들이 체육관을 점령하다시피 하며 열렬한 응원을 보내주었다.

홍창수는 두터운 수비와 정확한 스트레이트를 무기로 무려 8차례나 세계타이틀을 방어했으며, 2007년 3월 36전 32승(8KO) 3패 1무승부를 기록한 채 은퇴를 선언했다. 그리고 지금은 한국 국적을 취득하고서 일본에서 살고 있다.

# 역도 영웅 엄윤철의
# 투철한 사상

"금메달을 따지 못했으니 나는 이제 영웅이 아닙네다."

2016년 리우데자네이루 올림픽 남자역도 56kg급 결승에서 중국의 룽칭취안 선수에 이어 은메달을 딴 엄윤철 선수가 한 말이다. 엄윤철이 은메달을 따고도 자학적인 말을 하자 전세계가 놀랐다. 북한의 너무도 노골적으로 금메달 지상주의를 보여주었기 때문이다. 특히 서구 유럽에서는 올림픽에서의 메달 획득은 색깔에 상관없이 성공의 상징이다. 금메달은 물론 은메달이나 동메달도 어디를 가든 스포츠 영웅 대접을 받는다.

더욱이 엄윤철은 2010년대 남자역도 경량급(55kg~56kg)의 세계적인 강자로 수많은 대회에서 메달을 땄다. 2012년 런던 올림픽에서 금메달을 땄고, 2013년부터 2015년까지 3년 연속 세계역도선수권대회를 제패했다. 2014년 인천 아시안게임, 2018년 자카르타-팔렘방 아시안게임에서도 각각 금메달을 획득했다. 그런데 리우데자네이루 올림픽에서 은메달에 그쳤다고 영웅이라고 불릴 자격이 없다고 자학한 것이다.

엄윤철은 리우데자네이루 올림픽 역도 56kg급 결승전에서 인상 134kg과 용상 169kg를 들어올려 합계 303kg을 기록했다. 그러나 중국의 룽칭취안 선수가 인상에서 엄윤철보다 3kg이 더 무거운 137kg, 용상에서는 1kg이 더 무거운 170kg을 들어올려 합계 307kg으로 세계신기록을 세우는 바람에 금메달을 놓치고 말았다. 엄윤철의 금메달을 기대하며 현장을 찾은 최룡해 노동당 부위원장과 장웅 IOC 위원의 얼굴에는 실망감이 가득했다.

압록강체육단의 대표선수인 엄윤철은 키 152cm로, 55kg급 역도 선수로는 적당한 키에 타고난 힘 그리고 동물 같은 순발력을 자랑한다. 그는 북한이 전략적으로 키운 대표적인 선수다. 북한은 6·25전쟁 직후인 1953년부터 역도를 전략종목으로 채택해 열 살 전후의 영재들을 발굴해서 적극 육성해왔다. 전담 영양사를 배치하고 과학적인 훈련 등 맞춤훈련으로 집중 관리를 한다. 좋은 성적을 올리면 당연히 북한 사람들의 꿈인 평양에 있는 아파트가 제공되고 평생 직업도 보장되는 등 최고 대우가 기다리고 있다.

엄윤철은 청소년 체육학교의 역도선수였던 누나의 영향으로 역도에 관심을 갖기 시작했다. 엄 선수의 체격조건과 파워를 본 체육학교 역도선생이 기초부터 차근차근 지도를 해주었고, 처음 역기를 잡은 지 불과 4년 만에 그렇게도 들어가기 어렵다던 압록강체육단 역도선수로 선발된 후 탄탄대로를 걷기 시작했다.

엄 선수는 일상생활에서는 농담도 많이 하고, 항상 상대를 부드럽게 대한다. 그러나 훈련에 들어가면, 다른 사람으로 돌변한다. 옆에서 누가 불러도 못 들을 정도로 대단한 집중력을 보인다. 그리고 경기에 임해서는 자신의 안에 담겨 있는 에너지를 폭발시키듯이 엄청난 힘을 발휘한다.

그는 지난 2014년 인천 아시안게임에서 금메달을 딴 이후 기자들 앞에서 또 다시 의미 있는 말을 했다. "여기 모인 분들 중에서 달걀로 바위를 깬다고 생각해본 분들 있는지 모르겠습니다. 있다면 답변해주십시오. 최고사령관 동지(김정은)께서 '달걀을 사상으로 채우면 바위도 깰 수 있다'는 가르침을 주셨습니다." 이렇게 사상적으로도 투철하기에 북한 당국의 지원 아래 나간 올림픽대회에서 금메달을 못 딴 점에 대해 스스로를 책망했을 것이다.

그 후 엄윤철 선수는 투르크메니스탄에서 열린 국제역도연맹 IWF 주최 2018년 세계역도선수권대회에서 3개의 금메달을 들어올렸다. 엄윤철 선수는 남자역도 55kg급(종전 56kg에서 조정) 경기에 출전해 인상에서 120kg을 성공하여 1위를 차지하고, 용상에서도 162kg의 성적으로 1위를 했다. 그는 합계에서도 282kg의 기록으로 2위권 선수보다 무려 20kg 이상 더 많은 무게를 들어올려 금메달 3개를 모두 가져갔다.

# 동양의 펠레,
# 박두익

스포츠맨의 별명은 그 선수의 현주소 또는 과거의 전적을 알려주는 바로미터이기 때문에 큰 의미가 있다. '흑진주 펠레' '농구 황제 마이클 조던' '맨발의 마라토너 아베베' 그리고 '차 붐 차범근' 등등…

북한의 역대 최고 축구선수 가운데 한 명인 박두익의 별명은 '동양의 펠레'다. 그만큼 그가 활약할 당시 아시아에서는 최고 선수로 꼽혔기 때문에 붙은 별명이다. 한편에서는 박두익을 '동양의 진주'라고도 부르기도 하지만, 본인은 '동양의 펠레'로 불리기를 좋아했다. 체격조건도 펠레와 비슷한 170㎝대 초반이고, 플레이 스타일도 펠레처럼 기술 축구를 구사했다.

박두익은 그야말로 '한 대회' 아니 '한 경기' 그것도 '단 한 골'로 벼락스타가 되었다. 박두익은 1966년 영국 월드컵에서 이탈리아를 침몰시킨 결승골을 넣었다. 지금까지도 세계 축구사에서 가장 큰 이변 중 하나로 여겨지고 있는 경기의 주인공이 바로 박두익이었다.

박두익은 출생년도가 오락가락하지만 국제축구연맹FIFA에는 1943년생으로 기록되어 있다. 6·25전쟁 직후에는 공장에서 노동자 생활을 하다가 1957년에 전문 체육단에서 축구를 배우기 시작했고, 1958년 조선체육대학교 특설학과를 졸업했다. 1959년부터 북한 축구대표로 활약했지만 국제대회 경험은 별로 없었다. 영국 월드컵에 출전하기 전까지는 '그저 미지의 나라 북한에서 온 한 명의 공격수'였을 뿐이다.

북한은 1966년 영국 월드컵에 아시아국가로는 유일하게 지역예선에 참가했는데, 1965년 11월 21일과 24일 호주와 두 차례 경기를 가져 각각 6대1, 3대1로 크게 이기고 본선 진출권을 따냈다. 북한을 제외한 나머지 본선 진출국 15개국이 모두 유럽과 중남미 팀들이었기 때문에 사실상 북한이 아시아·오세아니아·아프리카 3개 대륙을 대표해서 출전한 셈이 되었다.

본선에서 북한은 칠레, 이탈리아, 소련과 함께 4조에 속했다. 당시 북한은 세계적으로 유행하던 4:2:4 포메이션으로 경기에 나섰는데, 박두익은 공격수 4명 중에 2명의 중앙공격수 가운데 한 명이었다.

북한은 첫 경기인 소련전에서는 3대0으로 패했으며, 칠레와의 두번째 경기에서는 1대1로 무승부를 기록했다. 그리고 마지막 경기가 이탈리아전이었다. 이탈리아는 1승 1패로, 무승부만 거두어도 8강에 진출할 수 있는 유리한 상황이었다. 박두익은 당시 평균 신장 165cm밖에 안 되는 최단신 북한팀에서 비교적 장신인 171cm (65kg)이었다.

당시 이탈리아는 그 대회에 출전한 우루과이와 브라질과 함께 월드컵 2회 우승을 달성한 상태로, 사상 최초로 월드컵 3회 우승을 노리는 막강한 팀이었다. 만약 그 대회에서 우루과이 · 브라질 · 이탈리아 3팀 가운데 한 팀이 우승을 차지했다면 '줄리메Jules Rimet 월드컵 트로피'를 영구히 가져갈 수 있었다.(그러나 이 대회에서는 개최국 잉글랜드가 우승을 차지했으며, 결국 1970년 멕시코 월드컵에서 브라질이 사상 처음 월드컵 3번 제패의 영광을 차지하면서 '줄리메 월드컵 트로피'를 영구히 보관하게 되었다.)

아무튼 북한과 이탈리아 경기는 마치 한국 대 네팔 경기처럼 결과가 뻔히 보이는 승부였다. 브라질과 함께 세계정상을 다투고 있는 이탈리아와, 월드컵은 물론 국제무대에서 듣도 보도 못했던 '듣보잡' 북한과의 경기는 사실상 몇 골 차이가 나느냐가 관건이었다. 그러나 결과적으로 전반 41분에 천금, 아니 천만금에 버금갈 정도의 결승골을 터트린 박두익의 골로 북한이 이탈리아를 1대0으로 제압하고 8강에 올랐다.

당시 북한의 골 장면은 하나의 작품이었다. 전반 41분경 북한의 오른쪽 풀백 하정원 선수가 미드필드 진영에서 이탈리아 페널티 에어리어 부근으로 공을 높이 띄워주었고, 이를 이탈리아 리베라 선수와 경합에서 이긴 박승진이 페널티 에어리어 정면으로 떨어뜨려줬다. 이를 달려들어 오던 박두익이 폴리 란디니 선수의 태클을 피해 강하게 슛을 날렸고, 세계적인 골키퍼 알베토시가 몸을 날렸지만 공은 이미 이탈리아 왼쪽 포스트 안으로 빨려들어갔다.

박두익의 그 한 골이 월드컵 역사를 바꿔놓았다. 우승을 노리던 이탈리아는 보따리를 싸야 했다. 사람들은 그 경기를 1950년 브라질 월드컵 본선에서 미국이 영국을 1대0으로 이긴 것과 함께 월드컵 역사에서 가장 큰 이변으로 꼽고 있다.

북한이 칠레와의 경기에서 비겨 월드컵에서 승점 1점을 얻은 것도 아시아팀으로는 처음인데, 이탈리아와의 경기에서는 아시아팀 최초로 승리까지 해 승점 2점을 얻었다.(당시는 이기면 승점 2점, 비기면 1점, 패하면 0점이었다. 그 후 1994년 미국 월드컵부터 이기면 승점 3점, 비기면 1점, 패하면 0점으로 바뀌었다.)

그 대회에서 북한은 예선 세 경기에서 2골, 포르투갈과 8강전에서 3골을 넣어 모두 5골을 기록했는데, 사실 골은 박승진이 더 많이 넣었다. 림승휘와 함께 2명이 버티는 미드필더로 뛰었던 박승진은 칠레와의 경기에서 0대1로 뒤지던 후반 43분 동점골을 넣었고, 포르투갈과의 8강 경기 시작 23초 만에 당시로는 경기 시작 최단 골을 넣는 등 귀중한 2골을 넣었다. 그러나 2골 모두 북한이 비기거나 패한 경기에서 넣었기 때문에 '임팩트'가 다소 떨어질 수밖에 없었다.

그러나 박두익은 단 한 골로 북한뿐만 아니라 아시아를 넘어 세계적인 축구 스타로 발돋움했다.

그 후 박두익은 북한에서 '인민체육인'으로 선정되었고, 1970 년 처음 북한 축구대표팀 감독을 했고, 1986년~1989년에 두번째 로 북한 축구대표팀 감독을 역임했다.

# 페이스메이커 정성옥의
# 깜짝 우승

"한 방 있네"

북한의 정성옥 선수가 1999년 8월 29일 스페인의 세비아에서 벌어진 세계육상선수권대회 여자마라톤에서 깜짝 우승을 차지하자 국제육상연맹을 비롯해서 세계 스포츠계는 입을 모아 '정말 큰 것 한 방 맞았다'고 표현했다.

그 대회에서 북한 여자마라톤 대표로 출전한 25살의 정성옥 선수는 북한의 에이스 김창옥 선수의 '페이스메이커'였다. 20$km$까지 페이스를 끌어올려주는 역할이었기 때문에 입고 있는 유니폼에 인공기도 달고 있지 않았다. 정성옥은 3년 전인 1996년 애틀랜타 올림픽에서 20위를 한 것이 국제대회에 출전해서 올린 가장 좋은 성적이었다.

그러나 정성옥은 그 대회에서 2시간26분59초의 좋은 기록으로 우승을 차지했다. 막판까지 정성옥과 선두 다툼을 했었던 일본의 이치하시 하리는 불과 3초 뒤진 2시간27분02초로 2위를 차지했다. 김창옥은 겨우 10위에 머무르고 말았다.

올림픽에서는 손기정(1936년 베를린 올림픽)과 황영조(1992년 바르셀로나 올림픽) 두 명의 금메달리스트가 있지만, 세계선수권대회 금메달은 남북을 통틀어 정성옥 선수가 유일하다.

정성옥은 우승 소감에서 당시 북한의 국방위원장 김정일의 마음에 쏙 드는 말을 했다. "장군님을 생각하면서 달렸다"고 한 것이다. 정성옥이 세계선수권대회에서 깜짝 우승을 하고, 우승 소감도 북한 체제를 선전하는 데 꼭 알맞는 말을 하자 북한에서는 난리가 났다.

북한 잡지 『조선』은 북한이 첫 인공위성 1호를 성과적으로 발사했을 때 세계가 깜짝 놀랐었던 것만큼의 사변이 일어났다고 보도했다. 당시 북한은 1998년 8월 인공위성 발사를 대대적으로 선전하며 자축하고 있었는데, 정성옥의 우승을 인공위성 발사 성공에 비할 만큼 엄청난 사건으로 여긴 것이다. 북한 당국은 정성옥 일행이 귀국하는 날인 9월 4일을 임시공휴일로 정했고, 평양 공항에 100만 명의 인파를 모아 카퍼레이드를 하는 등 국빈 대우를 했다.

김정일은 국제대회에 출전해서 상금을 받은 선수들이 모두 당에 이를 바치도록 하는 전례를 깨트리고 세계선수권대회 우승 상금 5만 달러를 정성옥 선수 개인이 모두 쓸 수 있도록 배려했고,

세비야 세계육상선수권대회 마라톤 경기에서 역주하는 정성옥. 그녀는 이 대회에서 깜짝 우승을 하며 이름을 드높였지만, 그 후 국제대회 출전을 자제하면서 아쉬움을 남겼다.

정성옥에게 '공화국영웅'과 '인민체육인' 칭호까지 함께 붙여주었던 것이다. 그리고 고급승용차 벤츠 S550도 선물했다.

　북한은 신금단·한필화·박두익 등 역대 스포츠영웅들에게 '인

　　　　　　　　　　　　　　　2장 북한 스포츠 스타 23인

민체육인'의 칭호를 붙여주었지만 '공화국영웅'은 스포츠인 가운데는 정성옥이 최초였다. 공화국영웅은 그동안 "조국의 행방을 위한 항일투쟁 등 정치군사적으로 위업을 세운 영웅들"에게만 붙여주었다. 또한 김정일은 정성옥에게 평양시 보통강구역 서장동에 있는 37층 아파트(48평형)를 줘서 가족과 함께 거주할 수 있도록 했고, 인민들에게 그 아파트를 '정성옥 아파트'라 부르라고 지시했다. 그리고 '정성옥 세계제패 기념주화'도 발행했는데, '김일성 주화' 이외에 개인의 업적을 기리는 주화를 발행한 것도 처음이었다.

정성옥은 열 살인 1984년 봄철 운동회 때 고등중학교 학생도 참가한 800$m$에서 월등한 실력으로 1위로 골인하자 이를 지켜보던 해주체육학원 리만석 선생이 육상을 권유해서 본격적으로 중장거리 육상을 시작했다. 그 후 평양 압록강체육단에서 북한 육상의 전설 신금단의 지도를 받기 시작했는데, 신금단은 1등을 하지 못하면 땅을 치고 우는 정성옥의 강한 정신력을 보고 관심을 기울이기 시작했다고 한다.

정성옥 부부는 북한에서 유명한 마라톤 부부다. 그녀의 남편은 1990년대부터 2000년대 초까지 북한 남자 마라톤을 대표했던 김중원 선수다. 두 사람은 2001년 3월 5년간의 열애 끝에 결혼에 골인했다. 김중원은 결혼 한 달 만인 4월 15일 평양에서 벌어진 만경대상마라톤대회에서 2시간11분48초의 좋은 기록으로 우승을 차지했다. 결혼선물로 국제대회 우승컵을 아내에게 바친 셈이다. 김중원은 1년 전 같은 대회에서는 준우승에 그쳤었는데, 이번에는 갓 결혼한 신부 정성옥이 자동차를 타고 따라오며 격려를 해줘서 그런지 힘을 내서 우승을 차지했다.

정성옥은 2003년 제주 민속평화축전이 열리는 제주도를 방문한 적이 있다. 북한 그림 전시회 개막식에 유도영웅 계순희 선수와 함께 참석하기 위해서였다. 당시 정성옥은 북한에서 마라톤 지도자가 되기 위해 뒤늦게 대학에 입학해서 조선체육대학교 3학년이었다. 이후 2005년 체육대학을 졸업하고는 지도자로 변신해 체육지도위원회 육상협회 임원이 됐으며 최고인민회의 대의원의 중책도 맡고 있다.(남편 김중원도 공부를 계속해서 2007년에 김일성종합대학교 경제학부를 졸업한 후 지도자의 길로 나섰다.)

북한에는 많은 스포츠 스타가 있지만 그 가운데 딱 한 명만 고르라면 최고의 스타는 정성옥이다. 김정일은 정성옥의 명예에 흠이 날까봐 이듬해 치러진 2000년 시드니 올림픽에 출전도 하지 못하게 했다.

# 세계 유도계를 뒤집은 '뜬별' 계순희

스포츠계에서 스타가 되는 길은 여러 가지가 있다. 올림픽이나 세계선수권대회 또는 월드컵 같은 세계의 이목이 집중되는 큰 대회에서 계속해서 좋은 성적을 올리거나, 부상이나 신체적인 어려움을 극복하고 우승(금메달)을 하는 스토리가 있거나, 또는 세계적인 스타플레이어를 꺾고 단번에 영웅이 되거나. 북한의 유도영웅 계순희 선수는 위의 3가지를 모두 충족시킨 완벽한 스타다.

계순희는 1979년 8월 2일 조선민주주의인민공화국 평양특별시에서 2남 1녀 가운데 외동딸로 태어났다. 다른 북한 소녀들처럼 평범하게 자라다가 열 살 때 모란봉과외체육학교에서 유도를 시작했다. 계순희는 또래의 남자들보다 힘이 좋을 정도로 파워를 타고났다. 유도를 시작한 지 불과 6년 만에 북한을 대표하는 선수로 성장해 1996년 애틀랜타 올림픽에서 여자유도 종목의 가장 낮은 체급인 48kg급에 출전했는데, 당시 계순희는 올림픽 자격이 주어지는 국제대회 포인트를 따지 못해서 '와일드카드'로 겨우 출전할 수 있었다.

당시 여자유도 48kg급은 세계적인 유도선수인 일본의 다무라 료코 선수가 지배하고 있었다.(다무라 료코는 이후 오릭스 블루웨이브 야구선수 다니 토모와 결혼해서 남자 성을 따라가는 일본 전통에 따라 다니 료코로 개명했다.) 다무라 료코는 1993년 해밀턴 세계선수권대회부터 1996년 애틀랜타 올림픽 직전까지 여자유도 선수로는 아직까지도 깨지지 않고 있는 84연승의 놀라운 기록을 이어오고 있었다. 따라서 일본뿐만 아니라 국제유도연맹은 애틀랜타 올림픽 여자유도 48kg급 금메달을 다무라 료코의 것으로 기정사실화하고 있었다. 당시 세계의 언론들도 애틀랜타 올림픽 금메달 0순위는 다무라 료코로 점치며, 미국 남자프로농구 NBA 선수들로 구성된 미국 남자농구 대표팀보다 금메달을 딸 가능성이 높다고 봤었다.

그런데 북한의 계순희 선수가 예선과 준준결승 준결승을 거치면서 괴력을 과시하면서 승승장구해오더니 결국 다무라 료코와 결승전에서 만나게 되었다. 결승전이 벌어지기 직전, 대부분의 유도인들은 열여섯 살의 새내기 계순희가 키도 다무라 료코보다 12cm나 더 크고(158cm와 146cm) 힘에서는 앞서지만, 기술이 완벽하고 관록이 있는 스무 살의 다무라 료코가 이길 것으로 예상했다.

그러나 경기가 시작되자 두 선수는 한 치 앞을 내다보기 어려울 정도의 박빙의 승부를 펼치기 시작했다. 경기는 팽팽하게 흘러

계순희의 금메달은 올림픽 최대 이변 중 하나로 그야말로 '한판 뒤집기'에 가까운 것이었다. 심지어 한국에서도 계순희를 집중 조명하며 관심을 기울이기도 했다.(사진=연합뉴스)

누구라도 먼저 포인트를 따는 선수가 이길 것으로 보였다. 그리고 경기종료 25초를 남겨놓은 순간 계순희가 '유효'로 포인트를 따서 다무라 료코의 85연승을 저지하면서 금메달을 획득했다.

계순희는 나중에 다무라 료코와 싸우기 전에 "일부 사람들이 '계순희가 결승전에 오른 것만 해도 큰일을 해낸 것이다'라고 말했다. 시합도 하지 않았는데 내가 질 것만 같은 말을 하는 것이다. 그 순간 '다무라 료코도 인간이다. 그래서 빈틈이 있을 것이고 실수도 할 것이다'라는 생각과 함께 오기가 생겼다"고 말했다.

계순희가 다무라 료코를 제압하고 금메달을 따자 AP통신, 신화사통신 등 세계 언론이 난리가 났다. 유도뿐만 아니라 전 종목을 통틀어 애틀랜타 올림픽 최대의 이변이라고 타전하기 시작했다. 유도 후진국 북한에서 와일드카드를 겨우 얻어서 출전한 열여섯 살 소녀가 스무 살 유도영웅 다무라 료코를 꺾었다는 소식은 지구촌 곳곳에 알려져 계순희는 하루아침에 영웅이 되었다. 한국에서도 계순희의 인기가 대단했다.

계순희의 승리가 얼마나 대단한 것이었는지는 다무라 료코의 그 후 행적을 보면 알 수 있다. 다무라 료코는 계순희에게 패한 이후 2000년 시드니, 2004년 아테네 올림픽에서 금메달을 땄고, 1993년부터 2007년까지 세계선수권대회 7연패(2005년 대회는 출산으로 불참)를 이룩했다. 비록 계순희에게는 졌지만 그 후 또다시 연승행진을 한 것이다.(다무라 료코는 2010년 은퇴해서 현재 일본의 민주당 국회의원으로 활동하고 있다.)

계순희의 맹활약도 이어졌다. 2000년 시드니 올림픽에서는 52 *kg*급으로 출전해서 동메달, 2004년 아테네 올림픽 때는 또다시 57 *kg*으로 한 체급 더 올려서 은메달을 목에 걸었다. 그리고 세계선수 권대회에서도 2001년 뮌헨 대회부터 2007년 리우데자네이루 대 회까지 4연패를 이뤘다.(계순희는 2006년 2월 북한의 유도 감독인 김철 씨와 결혼을 해서 '유도 커플'이 되었다.)

계순희는 아제르바이잔 바쿠에서 열린 세계선수권대회에 북한 여자유도 선수단을 이끌고 코치로 참가했다. 그리고 2018년 9월 18일 대회 개막 전, 부타 궁전에서 개최된 '2018 국제유도연맹IJF 명예의 전당 갈라'에서 명예의 전당에 헌액되는 영예를 안았다. 계 순희는 북한에서 인민체육인의 칭호를 받았고, 자신을 이을 청소 년 유도 유망주들을 지도하고 있다.

# 세계체조선수권 3연패의
## '도마의 신' 리세광

　　리세광은 북한의 체조역사를 새롭게 쓰고 있는 선수다. 2018년 11월 4일 카타르 도하에서 벌어진 제48회 세계기계체조선수권대회 도마 종목에서 금메달을 따냄으로써, 2014년과 2015년 대회에 이어 세계선수권대회에서만 3번째 정상에 오른 것이다. 리세광은 2016년 리우데자네이루 올림픽에서도 금메달을 따내 올림픽과 세계선수권대회 같은 메이저대회만 4번이나 우승을 차지함으로써 '도마의 신'이라는 자신의 별명을 확인시켜주었다.

　　도하 세계선수권대회에 출전했을 때 리세광은 만 33세의 백전노장이었는데, 출전 선수 가운데 예선과 결선을 통해 유일하게 난도難度 6.0의 고난도 기술들을 구사했다. 리세광이 시도한 기술들은 '드라굴레스쿠 파이크(무릎 펴고 앞으로 몸 접어 2바퀴 공중 돌며 반바퀴 비틀기)'와 자신의 이름을 딴 '리세광(몸 굽혀 뒤 2바퀴 돌고 1바퀴 비틀기)' 등이다.

리세광은 예선에서는 몸이 풀리지 않았는지 착지에서 약간 불안한 모습을 보였다. 그러나 워낙 난도가 높은 기술이어서 1차 시기 14.900, 2차 시기 15.033, 평균 14.966로 출전한 40명 가운데 전체 1위로 결선에 올랐다. 한국 선수로는 한국체육대학의 김한솔 선수가 리세광에 도전장을 던졌지만 평균 13.133 전체 32위에 그치는 바람에 8명이 겨루는 결선 진출에 실패했다.

그리고 전세계에서 도마를 가장 잘하는 8명의 선수가 단 두 번씩의 시도로 순위를 결정짓는 결선. 리세광은 1차, 2차 시기에서 똑같은 점수 14.933점을 받았다. 자연히 평균 14.933점으로 예선보다 점수가 약간 떨어졌지만 금메달을 따기에는 충분한 점수였다. 리세광에 이어 러시아의 아투르 달라로얀 선수가 14.883점으로 은메달, 일본의 시라이 겐조 선수가 14.675점으로 동메달을 차지했다. 한국으로서는 세계가 인정하는 리세광의 라이벌 양학선 선수의 부상으로 인한 결장이 아쉬운 순간이었다.

세계무대에서 도마는 2010년대부터 10년 가까이 양학선과 양학선보다 7살이 더 많은 리세광이 양분하고 있었다. 도마를 위해 태어났다는 양학선은 2010년 광저우 아시안게임에서 첫 금메달을 딴 후 2011년 도쿄 세계선수권대회, 2012년 런던 올림픽, 2013년 앤트워프 세계선수권대회 등 메이저대회를 3차례 연달아 제패했다. 그 후 양학선은 부상에 시달렸으나, 2018년 7월 자카르타-팔렘방 아시안게임 선발전에서 15점대를 기록하면서 재기에 성

남북의 체조 라이벌인 양학선과 리세광, 둘의 맞대결은 지금까지 두 차례 있었다. 첫번째인 2013년 세계체조선수권대회에서는 양학선이 우승하고 리세광은 예선에서 탈락했으며, 두번째인 2014년 인천 아시안게임에서는 양학선이 금메달을 따고 리세광은 4위에 머물렀다. 두 사람은 올림픽에서는 맞붙은 적이 없는데, 2020년 도쿄 올림픽에서 세번째 대결이 펼쳐질 전망이다.(사진=연합뉴스)

공하는 듯했다. 그러나 아시안게임을 앞두고 다시 부상이 도져 포기해야 했다.

키 155cm에 타고난 순발력을 갖추고 항상 새로운 기술에 도전하는 리세광이 국제무대에서 처음 두각을 나타낸 것도 아시안게임이었다. 리세광은 스물한 살이던 2006년 도하 아시안게임에서 깜짝 금메달을 획득했다. 그로부터 12년이 지난 2018년, 이번에는 세계선수권대회였지만 역시 도하에서 금메달을 딴 것이다.

리세광은 그 사이에도 2014년 난닝 세계선수권대회, 2015년 글래스고 세계선수권대회 2연패를 했다. 또 2016년 리우데자네이루 올림픽에서는 15.691점의 완벽한 실력으로 금메달을 땄다. 이는 북한 체조선수로서는 1992년 바르셀로나 올림픽에서 배길수가 안마 금메달을 딴 이후 24년 만의 쾌거였다. 당시 한국의 양학선은 올림픽을 불과 4개월 앞두고 아킬레스건이 파열되는 큰 부상을 당해 올림픽 2연패에 도전할 수 없었다. 리세광은 금메달을 딴 후 양학선이 출전하지 않아서 덕을 본 것 아니냐는 기자들의 질문에 "(양)학선 선수가 부상으로 못 나왔는데, 세계 체조를 학선 선수가 대표하는 게 아닙니다"라며 라이벌 의식을 보이기도 했다.

리세광은 2018년 자카르타-팔렘방 아시안게임에도 강력한 금메달 후보였지만, 1,2차 평균 13.400점으로 5위에 그쳤다. 1차 시기에서 착지 실수로 0.3점이 감점돼 12.800점을 기록한 리세광은 2차 시기에서는 무난한 착지를 선보였지만 부상을 입은 듯 다리를 절룩이며 무대를 내려왔다. 2차 시기 점수는 14.000점이었다. 그러나 리세광은 도하에서 다시 살아나 자카르타-팔렘방 아시안게임 때의 부진이 부상 때문이었다는 것을 입증했다.

이제 세계 체조계의 이목은 양학선과 리세광의 마지막 승부처인 도쿄 올림픽으로 쏠리고 있다. 그러나 리세광은 순발력이 중요한 도마 선수로서 적지 않은 서른다섯 살이라는 나이, 양학선은 고질적인 발목 부상을 극복해야만 최후의 승자가 될 수 있을 것이다.

# 북한 최초의
# 프로복서 최철수

1992년 바르셀로나 올림픽 복싱 플라이급 금메달리스트 최철수 선수는 북한 최초의 프로복서로도 잘 알려져 있다.

1988년 서울 올림픽 복싱 플라이급에서는 한국의 김광선 선수가 금메달을 땄었기 때문에, 최철수가 바르셀로나 올림픽에서 플라이급 금메달을 따자 세계 복싱계에서는 '한반도 복서들이 올림픽 플라이급 2연패에 성공'했다고 평가했다.(물론 김광선과 최철수는 전혀 반대 유형의 복서였다. 김광선은 플라이급 선수치고도 작은 160㎝의 키로 강한 양 훅을 바탕으로 인파이팅을 하는 반면, 최철수는 167㎝의 큰 키에 긴 리치를 활용해 스트레이트·어퍼컷·훅 등을 모두 자유자재로 구사하는 기술 복싱을 했다. 또한 김광선이 오른손잡이인 반면, 최철수는 왼손잡이 아웃복서와 인파이팅을 겸한 스위치 복서였다.)

최철수는 바르셀로나 올림픽 금메달 이후 인민체육인 칭호를 받게 되었고, 이제는 더 이상 올라갈 곳이 없다고 여겼는지 은퇴를 선언했다. 마침 북한에서 최철수가 은퇴할 무렵인 1992년 말 프로 권투협회가 창설되었는데, 1993년 4월 북한 최초로 평양에 있는 청춘거리 중重경기장에서 '93년 공화국프로권투선수권대회'가 열렸다. 최철수의 프로 데뷔전은 두 해 뒤 1995년 2월 23일 역시 평양 청춘거리 중경기장에서 있었다. 그는 밴텀급으로 한 체급 올려 정식 프로선수가 되었으며, 데뷔전에서 6회에 TKO승을 거두었다. 최철수의 프로 전향에 세계 프로복싱계는 지대한 관심을 가져 쿠바·미국·일본 등에서 스카우트 제의가 잇따랐다.

최철수는 일본에서 프로 생활을 하기로 하고 1996년 3월 12일 평양에서 베이징을 거쳐 일본 도쿄로 가는 비행기에 몸을 실었다. 황경수 북한 프로권투협회 부서기장과 동료 선수 2명이 함께했다. 당시 압록강체육단 소속이었던 최철수는 밴텀급에서 한 체급을 더 올려 주니어 페더급으로 등록을 했고, 동료 선수 김혁은 웰터급, 최평국은 주니어 플라이급으로 뛰기 시작했다.

그때까지 최철수는 화려한 아마추어 성적(58전 54승 4패 12RSC 승)에 비해 프로 전적(3전 전승 2KO승)은 일천했다. 그러나 최철수는 일본에서 더욱 체계적인 조련을 받으며 세계챔피언의 꿈을 실현해 나갔다. 그리하여 일본으로 건너간 지 불과 2년 만인 1998년 범아시아복싱협회PABA 페더급 챔피언에 올랐다.

그러나 역시 프로복싱 세계챔피언은 실력만으로 올라갈 수 없는 고지였다. 최철수는 링 밖에서 무너졌다. 잇따른 비즈니스 실패로 세계타이틀 매치가 무산되자 보따리를 싸서 북한으로 돌아가 버리고 말았다. 북한에 정착한 최철수는 압록강체육단에서 후배 양성을 하고 있다.

# 백두산만큼 높았다, 북한의 최장신 센터 리명훈

　농구에서 유명한 말 중에 "1번은 관중을 즐겁게 하고, 5번은 구단주를 기쁘게 한다"는 것이 있다. 농구에서 1번은 포인트가드인데, 포인트가드의 현란한 드리블과 패싱 그리고 킬 패스 등은 보는 관중을 즐겁게 하지만 결국 승리는 5번, 즉 키가 큰 센터가 좌우하기에 센터의 활약에 구단주가 기뻐한다는 말이다.

　2000년대 초반 NBA 필라델피아 세븐티식서스 팀 등에서 가드로 활약했었던 앨런 아이버슨(183㎝) 선수가 "농구는 신장이 아니라 심장으로 하는 것"이는 명언을 남겼지만, 그 말도 절반은 맞고 절반은 틀린 말이다. 결국 키가 큰 선수가 심장도 더 크기 마련이기 때문이다.

　이제까지 지구상에서 가장 큰 농구선수는 1970~1980년대 중국 농구 대표팀 센터로 활약했던 무톄주('목철주'라고도 불렸다)였다. 그는 키가 238㎝에 달했다. '인간장대'로 불렸던 무톄주는 당시 아시아에서는 거의 무적으로 군림했다. 무톄주가 뛰는 중국팀의 승률은 아시아권에서는 거의 95퍼센트 이상이었다. 무톄주는 지난 2008년에 사망했다.

지구촌 장대들이 거의 모두 속해 있는 NBA에서 역대 최장신 선수는 루마니아 출신의 게오르그 무레산과 수단 출신의 마무트 볼로 모두 232cm였다. 모두 무톄주보다 6cm가량 작았다. 중국 국가대표 센터 선밍밍(234cm)과 NBA 휴스턴 로케츠의 주전 센터였던 중국 국가대표 센터 야오밍(229cm) 등도 큰 키를 자랑하지만, 무톄주의 뒤를 이어 농구 역사상 두번째로 큰 키를 가진 선수는 바로 북한의 리명훈이다. 그의 키는 235cm로 한때 NBA에서 스카우트 제의를 받을 정도로 뛰어난 농구 실력을 갖추었다.

큰 키에다 순발력이 좋고 농구 센스도 뛰어나, 북한 농구는 리명훈이 뛸 때와 뛰지 않을 때의 전력 차이가 많이 났다. 리명훈은 1999년 우리나라 프로농구 정규리그 우승팀 현대(지금의 전주 KCC)와의 친선경기 때 혼자서 28득점에 20리바운드의 '더블 더블-더블'을 기록하기도 했다. 농구에서 주요 공격 포인트(득점, 리바운드, 어시스트, 블록슛, 스틸) 2개를 두 자릿수 이상 달성하는 걸 '더블더블'이라고 하며, 2개를 20개 이상씩 달성하는 걸 '더블 더블-더블'이라고 하는데 매우 기록하기 어렵다.

리명훈의 큰 체격과 뛰어난 농구센스 그리고 미지의 나라 북한 출신이라는 희소성 때문에 NBA 팀들이 그를 탐냈었다. 만약 NBA

리명훈은 서울 잠실실내체육관에서 열린 2차 통일농구대회에 참가해 남한 관중들 앞에서 자신의
실력을 보여주었다. 당시 국내 최장신이었던 서장훈(207㎝)보다 훌쩍 큰 그의 키에 많은 관중들이
놀라기도 했다.(사진=연합뉴스)

에서 뛴다면 주전 센터까지는 몰라도 경기 분위기를 바꿀 수 있는 후보센터로는 훌륭한 자원으로 평가됐다.

리명훈의 NBA 입단 문제가 공식 논의된 것은 1996년 8월 미국의 스포츠에이전트 에버그린사가 대만 존스배에 출전한 리명훈을 캐나다 오타와로 초청해서 NBA 관계자들을 만나게 하면서부터였다. 당시 리명훈에 관심을 보인 구단은 토론토 랩터스, 올랜도 매직, 클리블랜드 캐벌리어즈 등 주로 동부 쪽에 있는 팀들이었다. 당시 구체적으로 계약금 액수까지 거론됐다. 그러나 미국의 '적성국 교역법'이 걸림돌로 작용해서 결국 NBA 구단들은 그의 스카우트를 포기했다.

그로부터 2년 후 1998년 한반도에 해빙무드가 조성되면서 리명훈의 NBA 진출 여부가 다시 논의되었는데, 그때는 리명훈 선수가 1998년 방콕 아시안게임을 앞두고 교통사고를 당해 또다시 좌절됐었다.

리명훈은 함경남도의 평범한 탄광 노동자 가정에서 태어났는데, 어려서부터 남달리 키가 컸고 기량도 좋아서 불과 열두 살 때 체육선수단에 등록돼 20~30대 성인 선수들과 경기를 해도 밀리지 않을 정도였다.

학창시절에는 남들보다 최소한 20cm 이상 큰 키를 활용해 그가 가는 팀에게 밥 먹듯이 우승컵을 가져다주었다.

리명훈은 1999년과 2003년에 열린 통일농구대회를 통해 국내에도 이름을 알렸고, 특히 허재 전 감독과는 서로 오가며 술자리도 자주 가져 형동생 하는 막역한 사이인 것으로 알려지고 있다. 리명훈은 현재 4·25체육단 농구팀의 감독을 맡고 있다.

# 탁구 영웅 박영순의
# 안타까운 죽음

1975년 인도 캘커타(현재는 콜카타)에서 벌어진 제33회 세계탁구선수권대회는 탁구 역사상 매우 큰 의미가 있는 대회였다. 그 직전 대회인 1973년 유고 사라예보에서 벌어진 제32회 세계탁구선수권대회 여자 단체전 결승전에서 한국에 덜미를 잡힌 중국은 절치부심 설욕을 노렸고, 북한도 비밀병기를 갈고 닦아 그야말로 '자객'을 파견했다.

중국은 지난 대회 때 약관 열아홉 살의 이에리사 선수에게 당했는데, 2년이 지난 이번 대회는 이에리사 선수가 더욱 기량이 완숙해졌을 것이고, 주장 정현숙 선수도 마지막 투혼을 불태우면 당해내기 어렵다고 보고 변칙작전을 폈었다.

중국은 단체전 결승에서 안티스핀러버(평면러버의 일종으로 마찰력을 극소화하여 회전을 죽이는 고무 재질) 라켓을 장착한 거신아이(당시엔 갈신애라고 불렀다) 선수를 내세워 한국의 단체전 2연패를 막아냈다. 거신아이는 단식 2차전에서 정현숙을 꺾고, 최종 단식에서 이에리사를 이겨 결국 우승은 중국에게로 돌아갔다. 당시 거신아이에게 힘 한번 제대로 써보지 못하고 당한 이에리사가 숙소로 돌아오는 내내 눈물을 감추지 못했다는 뒷얘기도 있다. 그만큼 거신아이의 안티스핀러버 비밀병기는 충격적이었다.

북한도 중국 못지않게 비밀병기를 준비했다. 북한은 단체전은 포기하고 개인전 여자단식에 김영순 선수 한 명만을 출전시켰다. 그런데 김영순 선수는 세계 탁구계에서 전혀 듣도 보도 못한 선수였다. 그럴 수밖에 없는 것이 김영순의 본명은 박영순으로 북한이 '위장술'을 편 것이다.

박영순은 1956년 8월 22일 평안북도 삭주군 청성로동자구에서 태어났다. 어렸을 때부터 탁구소조에서 기술을 배웠고, 열두 살 때 전국 고등중학교부에서 우승을 차지했다. 열다섯 살 때 중국과의 친선경기에서 또래의 중국 선수들을 거의 모두 이겼다.

박영순은 1974년 테헤란 아시안게임 때 북한의 단체전 멤버로 나와 한국과의 준결승전 1번 단식 경기에서 이에리사에게 1대2로 패했었다. 박영순은 이에리사와 비슷한 전형戰型으로 '전진 속공형'(테이블에 붙어서 빠르게 공격하는 전형)이지만, 당시는 파워는 물론 예리함이 이에리사에 비해 떨어졌었다.

그런데 1년 만에 박영순의 기량이 놀랄 정도로 늘어 있었다. 왼손잡이 박영순은 여자단식 3회전에서 헝가리의 로탈레드 선수에게 풀세트 접전 끝에 3대2로 이겼고, 준준결승전에서는 당시 세계 최고의 커트 수비수 정현숙을 역시 풀세트 접전을 벌인 끝에 3대2로 꺾고 준결승전에 올랐다. 박영순은 준결승 상대인 소련의 페르도반 선수도 역시 풀세트 접전을 벌이고 이겼다. 그리고 대망의 결승전에서 세계랭킹 1위 중국의 장리를 만나서 첫 세트는 듀스 끝에 24대26(당시는 한 세트가 21점제였다)로 내줬으나, 이후 내리 세 세트를 각각 12, 14, 15점만 내주고 모두 따내 대역전승을 거두고 세계챔피언에 올랐다. 당시 박영순의 나이는 겨우 열여덟 살이었다.

박영순은 2년 후 버밍엄에서 열린 1977년 제34회 세계탁구선수권대회 개인단식에서 또 다시 우승을 차지해 2연패에 성공했다. 첫 우승을 차지했던 캘커타 대회 때 중국의 장리가 정치적인 문제 때문에 적당히 져준 게 아니냐는 말이 나돌기도 했지만 대회 2연패에 성공하자 세계 탁구계는 박영순의 실력을 인정할 수밖에 없었다.

박영순은 2년 후 1979년 홈그라운드인 평양에서 열린 제35회 세계탁구선수권대회에서도 4회전까지 승승장구했었지만, 중국의 통린 선수에게 2대3으로 역전패를 당해 대회 3연패에는 실패했다. 그러나 북한은 박영순의 활약으로 여자단체전에서 중국에 이어 은메달을 차지할 수 있었다. 또한 1981년 노비사드에서 열린 제36회 세계탁구선수권대회에서도 북한이 여자단체전 동메달을 획득하는 데 결정적인 역할을 했다.

박영순은 캘커타 세계선수권대회에서 우승한 뒤 1975년에 인민체육인 칭호를 얻었고, 은퇴한 후인 1985년에는 로력영웅 칭호도 받았다.

박영순은 노비사드 대회가 끝난 후 북한 공산당 고위 간부와 결혼한 후 북한 주민들이 그렇게도 부러워하는 평양 시내 한 복판에 있는 고급아파트에서 신혼생활을 시작했다. 하지만 그 후 탁구천재 박영순의 삶은 비극적으로 끝나고 말았다. 박영순은 1987년 7월 14일 아기를 출산하다 서른한 살의 한창 젊은 나이에 사망했다. 그녀의 시신은 평양의 형제산구역 신미동에 있는 '애국렬사릉 (1986년에 조성된 북한의 국립묘지)'에 안치되어 있다.

# 안마왕
# 배길수

배길수는 1972년 3월 4일 태어났다. 운동을 시작하기 전까지는 북한의 평범한 아이들과 다를 바 없이 자랐다. 그러다 열한 살때 북한 체조계의 대부격인 리만섭 씨에게 발탁되어 본격적으로 체조수업을 시작했다.

배길수는 안마에 최적화된 체격조건을 갖추었다. 163㎝, 56㎏의 작은 체격인데도 불구하고 체격에 비해 다리가 짧고, 양쪽 팔은 길고 팔 힘이 엄청나 안마를 하기에 적합하다. 또한 성실하고 엄청난 승부욕이 있어서 인간 한계를 극복해야 하는 고난도 기술을 어렵지 않게 구사했다.

1990년대 세계 체조계에서는 안마에 관한 한 배길수를 당할 선수가 없었다. 그래서 별명도 '안마왕'이었다. 배길수는 현역 시절 올림픽 금메달 1개, 세계선수권대회 금메달 3개 등 메이저대회에서만 모두 4개의 금메달을 땄다. 1992년 바르셀로나 올림픽 금메달을 시작으로 같은 해 파리 세계체조선수권대회 금메달, 1993년 버밍엄 세계체조선수권대회 금메달, 1996년 산후안 세계체조선수권대회 금메달을 땄다. 그해에 '세계 10대 체조선수'로 선정되기도 했다. 아시안게임에서도 2개의 금메달을 땄는데, 1990년 베이징 아시안게임에서는 이례적으로 철봉에서 금메달을 획득했다. 1998년 방콕 아시안게임에서는 안마 금메달을 추가했다.

배길수는 1998년 방콕 아시안게임 금메달을 끝으로 은퇴했다가 2000년 시드니 올림픽 직전에 다시 현역으로 복귀했다. 바르셀로나 올림픽에 이어 두번째 금메달을 노렸었지만, 그동안 다른 선수가 흉내도 내지 못할 정도의 완벽한 기술이 실종되었고, 두 다리를 휘젓는 각도가 예리하지 못해 5위에 그치자 곧바로 다시 은퇴를 선언했다.

북한은 배길수가 거둔 성적을 높이 평가해 1992년 11월에 '인민체육인' 칭호를, 1993년 12월에 '로력영웅' 칭호를 붙여줬다. 그리고 2001년에는 여성 마라토너 정성옥 등과 함께 "20세기 북한 체육을 빛낸 체육영웅 7명" 가운데 한 명으로 선정했다.

배길수는 은퇴를 한 후 결혼해서 딸 하나를 얻었고, 현재 북한 체조협회 서기장으로 활약하고 있다. 그는 2014년 인천 아시안게임에 남자 기계체조 심판으로 참가하기도 했다.

# 도쿄 올림픽을 기다리는 쌍둥이 마라토너

비가 부슬부슬 내리던 인천 아시아드 주경기장에 겉모습만으로는 거의 구분하기 힘든 두 선수가 10여 초 사이로 들어오자 이를 지켜보던 관중들이 탄성을 자아냈다. 2014년 인천 아시안게임 여자마라톤에 출전한 북한의 김혜경, 김혜성 쌍둥이 자매가 17초 차이로 7위(2시간36분38초)와 9위(2시간36분55초)로 골인한 것이다. 두 자매는 1993년 3월 9일생으로 당시 스물한 살이었고, 5분 사이로 태어난 일란성 쌍둥이였다. 키(153㎝)와 체중(41㎏)이 똑같았고 얼굴도 비슷하게 생겨서 두 자매를 구분하려면 배번을 봐야 했다. 7위를 한 동생 김혜경이 1200번, 언니 김혜성은 1201번이었다.

두 자매가 국제대회에 처음 모습을 보인 것은 2013년이었다. 2013년 8월 모스크바에서 벌어진 세계육상선수권대회에서 동생 김혜경이 2시간35분49초로 8위, 언니 김혜성이 2시간38분28초로 14위에 올랐다. 보통 동생 김혜경이 언니 김혜성보다 좋은 성적을 올리는 편이었다. 북한의 여자마라톤 선발전에서도 늘 동생이 언니보다 앞서곤 했다. 그러나 최근에는 언니 김혜성이 동생 김혜경을 앞서는 경향을 보이고 있다.

두 자매는 대부분 레이스 중반까지는 서로 격려하며 나란히 달리다가 모든 마라토너가 고비라 여기는 30$km$를 지나면서 각자도생에 나서 결국 승부를 내는 레이스를 펼치곤 한다.

2013년 11월 싱가포르에서 벌어진 하프마라톤(21.095$km$)에서도 자매가 나란히 1,2위를 했는데, 동생(2시간27분05초)이 언니(2시간27분58초)보다 한발 앞섰다. 그리고 인천 아시안게임 선발전격으로 2014년 4월 평양에서 벌어진 만경대상마라톤대회에서도 나란히 1,2위를 했다.

그런데 지난 2016년 리우데자네이루 올림픽 여자마라톤에서는 달랐다. 언니 김혜성이 동생 김혜경을 그야말로 간발의 차이로 이긴 것이다. 8월 15일 벌어진 이 경기에서 둘은 출발선에서 동시에 출발해 마치 행군을 하는 군인들이 구보를 하듯이 왼발 오른발까지 맞추며 뛰었다. 두 자매가 달리는 동작도 똑같아 마치 한 사람이 뛰는 것 같았다. 유니폼도 흰색 모자, 파란색 민소매 그리고 반바지 유니폼으로 똑같았다. 이쯤 되면 마라톤이 '고독한 레이스'가 아니라 서로 격려를 해주면서 뛰는 '함께하는 달리기'라고 불러야 할 것 같았다. 두 자매를 구분할 수 있는 것은 동생인 김혜

2014년 만경대상마라톤대회에서 나란히 1,2위를 차지한 김혜성(136번), 김혜경(135번) 쌍둥이 자매. 둘은 외모만이 아니라 실력도 비슷해 세간의 관심을 모으고 있다.(사진=연합뉴스)

경이 허리에 묶은 흰 끈과 서로 다른 신발 색깔뿐이었다. 심지어 두 자매는 똑같이 2시간28분36초로 결승선을 통과했다. 둘의 등위를 판별하기 위해 고속 카메라까지 돌려야 했다. 최종 성적은 미세하게 깻잎 한 장 차이로 앞선 언니 혜성이 10위, 동생 혜경이 11위였다.

북한 쌍둥이의 리우데자네이루 올림픽 기록은 한국의 안슬기(2시간36분50초로 42위), 임경희(2시간43분31초로 70위)보다 훨씬 좋았고, 우연히 함께 출전한 독일의 쌍둥이 자매 아나 허너와 리자 허너(81위, 82위), 에스토니아의 세쌍둥이 루이크 자매(97위, 114위, 기권)보다도 좋았다.

2018년 자카르타-팔렘방 아시안게임에서도 언니 김혜성이 동생 김혜경을 앞섰다. 김혜성은 바레인의 케냐 귀화선수 로즈 첼리모, 일본의 나고미 게이코에 이어 한국의 최경선(4위)을 제치고 동메달을 차지했다.

쌍둥이 자매가 마라톤을 시작한 것은 열네 살 때인 2007년이었다. 마라톤 감독인 아버지가 쌍둥이들에게 마라톤을 권유했고, 황해북도 금천군청소년학교에서 마라톤의 기초인 $3000m$와 $5000m$에서 두각을 나타내면서 평양시체육단에 들어가게 되었다. 평양시체육단에서는 1999년 세비야 세계육상선수권대회 여자마라톤 금메달 영웅 정성옥 코치가 두 자매를 전담해 기량을 끌어올렸다. 정 코치는 두 자매가 열아홉 살이 되는 2012년부터 본격적으로 풀코스에 도전하도록 권유했다.

여자마라토너의 전성기가 20대 후반이기 때문에 북한에서는 두 자매가 스물일곱 살이 되는 2020년 도쿄 올림픽 때쯤 전성기를 맞아 메달을 딸 가능성이 높다고 보고 있다. 평양시체육단 장명철 마라톤 감독은 "두 자매 모두 점점 실력이 늘고 있다. 도쿄 올림픽 때쯤 2시간25분 이내의 기록을 내줄 것으로 보고 있다. 두 자매가 선의의 경쟁을 하면서 마라톤을 즐기고 있는 것이 큰 장점이다"라고 말했다.

# '그랜드슬램'을 달성한
# 도마공주 홍은정

 2016년 8월 4일 리우데자네이루 올림픽이 한창일 때, 로이터 통신이 보도한 한 사진이 전세계에서 화제가 되었다. 바로 북한의 기계체조 선수 홍은정과 남한의 기계체조 선수 이은주가 함께 셀카를 찍는 모습이었다.

 그 후 두 선수의 일거수일투족을 로이터통신은 물론이고 AP 통신, CNN 등이 따라붙어 취재했다. 특히 CNN은 두 선수가 사이좋게 셀카를 찍고 정답게 대화를 나누는 장면이 '리우 올림픽의 상징적인 순간 중 하나'라고 보도했으며, 남북 두 여자 체조선수가 이념을 초월해 다정히 사진을 찍는 모습에 대해 "스포츠가 인류의 조화로운 발전에 기여한다는 것을 매우 현대적인 방식으로 보여주었다"고 하기도 했다. 영국 『가디언』의 브라이언 아멘 그레이엄 스포츠 에디터는 트위터에 해당 사진을 올리고 "북한의 홍은정, 남한의 이은주다. 나는 올림픽을 사랑한다"라며 자신의 감동을 전

남과 북 사이의 첨예한 갈등이나 복잡한 정치적 사정은 뒤로하고 친근하게 셀카를 찍는 두 선수의 모습은 스포츠가 친선과 교류의 무대라는 것을 다시 한 번 잘 보여주었다.

하기도 했다.

사진의 주인공 중 한 명인 북한의 홍은정은 세계 여자체조계의 스타플레이어다. 홍은정 선수가 처음 국제대회에 출전한 것은 2006년 도하 아시안게임이었다. 당시 열일곱 살이었던 홍은정은 친언니 홍수정 선수와 나란히 도마 종목에 출전해서 많은 화제를 모았다. 그 대회에서 언니 홍수정이 금메달을 따고, 홍은정은 동메달을 땄다. 그 당시 홍은정은 "나는 비록 동메달에 그쳤지만 언니가 금메달을 딴 것이 내가 딴 것보다 더 기쁘다"고 어른스럽게 말하기도 했다.

홍은정은 도하 아시안게임 2년 후 열린 2008년 베이징 올림픽 여자도마에서 드디어 대망의 금메달을 땄다. 베이징 올림픽 여자도마 금메달 후보는 원래 홈팀 중국의 청페이 선수였다. 청페이는 세계선수권대회 여자도마 3연패를 차지하고 있었고, 베이징 올림픽에서도 중국이 여자체조 단체전 금메달을 따는 데 결정적인 역할을 했다.

그러나 홍은정은 8월 17일 베이징 국가실내체육관에서 벌어진 여자도마 결승에서 1, 2차 합계 15.65점을 획득, 중국의 청페이(15.562)와 독일의 옥사나 추소비타나(15.575)를 제치고 북한 여자체조 선수로는 사상 처음으로 올림픽 금메달을 목에 걸었다.

청페이는 1차 시기의 점수는 16.075로 결승에 오른 8명의 선수 가운데 1위였다. 그러나 2차 시기에서 착지를 하다가 무릎을 꿇는 큰 실수를 저질러서 감점을 당해 15.05에 그치고 말았다. 반대로 홍은정은 1차에서 높은 점프에 이은 고난도 회전 연기와 비교적 안정적인 착지로 15.55점을 받았지만 청페이보다는 많이 뒤졌다. 하지만 2차 시기에서는 8명의 결선 진출자 가운데 가장 높은 15.75점을 획득해 역전의 금메달을 차지했다.

청페이는 올림픽 금메달은 실력과 함께 하늘이 도와주어야 한다는 사실을 다시 한번 절감해야 했다. 만약 청페이 선수가 평소처럼 착지에서 흔들리지 않았다면 홍은정은 은메달에 그칠 뻔했다.

베이징 올림픽 이후 홍은정 선수는 세계 체조계에서 사라졌다.

아니 국제무대에 나올 수가 없었다. 북한이 2010년 광저우 아시안게임 직전, 국제 체조대회에서 선수의 나이를 허위로 기재한 것이 드러나 북한 체조선수단 전체가 2년 동안 국제대회에 출전할 수 없었기 때문이다. 그에 따라 홍은정은 2010년 광저우 아시안게임과 2012년 런던 올림픽은 출전하지 못하고, 북한에 남아서 국내 대회에 출전하는 것으로 만족해야 했다.

홍은정이 국제무대에 다시 나선 것은 2013년 카잔 하계유니버시아드(도마 금메달)였으며, 이어 2014년 인천 아시안게임에도 출전했다. 홍은정은 9월 24일 인천 남동체육관에서 열린 여자 기계 체조 도마 결승에서 1,2차 시기 합계 15.349점을 기록해 금메달을 차지했다.

홍은정은 구름판을 힘껏 밟은 뒤 공중에서 몸을 비틀면서 회전하는 동작을 부드럽게 소화하고 가볍게 바닥에 내려섰다. 지난 2008년 베이징 올림픽에서 금메달을 딴 데 이어 6년 만에 아시안게임까지 제패하는 순간이었다.

게다가 2014년 10월 중국에서 벌어진 제45회 세계체조선수권대회 여자기계 체조 도마에서 금메달을 따냄으로써 올림픽·세계선수권대회·유니버시아드대회·아시안게임·아시아선수권대회에서 모두 금메달을 따는 '그랜드슬램'을 달성하기도 했다.

그러나 2016년 리우데자네이루 올림픽 여자 기계체조 도마에서 합계 14.900으로 6위에 그친 후로는 국제무대에 모습을 나타

내지 않고 있다. 여자체조 선수로서는 고령인 30대에 접어든 나이를 극복하기 어려웠던 모양이다.

# 입심도 금메달감
# 여자유도 안금애

2012년 런던 올림픽은 북한의 3세대 지도자 김정은이 정권을 잡은 후 처음으로 맞이한 메가 스포츠 제전이었다. 김정은은 '체육 굴기'를 선언한 이후 어린 선수들을 선발해 특수학교에서 교육시키면서 성적이 좋은 선수들에게 아파트를 비롯해 자동차와 냉장고 같은 보상을 제공하는 당근책을 내세워 선수들의 사기를 북돋았다. 철저한 영재교육 체계와 메달을 땄을 때 보장돼 있는 '달콤한 보상'이 좋은 성적을 올리는 바탕이 되고 있는 것이다. 그러한 스포츠 정책의 유효성을 시험할 무대인 런던 올림픽에서 안금애 선수가 여자유도 52㎏급에서 금메달을 땄다. 1996년 애틀랜타 올림픽 계순희 선수 이후 16년 만에 북한의 두번째 여자유도 금메달이 나온 것이다.

모란봉체육단 소속의 안금애는 16강전에서 가장 강력한 금메달 후보였던 일본의 미사토 나카무라를 '절반'으로 꺾어 일본 유도계를 침묵시켰다. 안금애는 4년 전 베이징 올림픽 준결승전에서도 미사토 나카무라에게 이기기는 했지만 항상 어려운 상대였다. 이 대회에서도 대진표를 보고는 미사토 나카무라 선수만 이기면 금메달이 가능하다고 생각했다고 한다. 아무튼 계순희가 일본이 다무라 료코를 결승전에서 제압한 뒤 금메달을 딴 것처럼, 안금애도 일본의 세계적인 스타플레이어를 일찌감치 제압하고 금메달을 향한 순항을 거듭했다. 8강전에서 프랑스의 프리실라 그네토, 준결승전에서 이탈리아의 로잘바 포르친티를 제압하고 대망의 결승전에 올랐다.

결승전은 2012년 7월 29일 영국 런던 엑셀 노스아레나에서 열렸다. 여기서 안금애는 쿠바의 베르모이 아코스타 야네트와 정규시간 5분 동안 승부를 가리지 못하고, 3분이 더 주어지는 연장에 돌입한 뒤 1분 만에 되치기 공격을 성공시켜 승부를 결정짓는 '유효'를 따내면서 '골든 스코어'로 극적인 승리를 거뒀다.

안금애는 금메달을 딴 후 "김정은 동지에게 금메달로 기쁨을 드렸다고 생각하니 더 이상 기쁠 수 없다"고 소감을 밝혔으며, "계순희의 정신을 따라 배우면서 나도 조금이나마 조국에 메달로 보답하고 싶었다. 정신적으로나 사상적으로 조국애를 심어줬다"고 계순희 코치에게 고마움을 표시했다. 그런데 사실 계순희 코치는 1979년생으로 안순애(1980년생)보다 겨우 한 살밖에 많지 않다. 그러니까 안금애는 금메달을 딴 런던 올림픽 때 나이가 서른세 살로, 올림픽에 출전한 여자유도선수로는 거의 최고령이었다.

안금애는 4년 전, 2008년 베이징 올림픽 여자유도에서는 은메달에 그쳤었다. 안금애는 결승에서 개최국 중국의 셴둥메이에게 '오금 잡아 메치기'로 유효를 빼앗겨 패했다. 하지만 그녀는 은메달을 목에 걸고 시상대를 내려오면서 "올림픽 선수권이라고 해서 오기 전엔 쫄았댔는데 해보니까 중국 선수도 일없습니다"라며 자신감을 드러냈었다.

안금애는 이전부터 '말빨'이 세기로 유명했는데, 2006년 도하 아시안게임에서 금메달을 따낸 뒤 인터뷰에서는 "조선의 기상으로 완전히 싸웠시요"라고 당차게 말하기도 했다.

안금애는 런던 올림픽 직후 폴란드의 바르샤바에서 열린 세계유도선수권대회에서도 금메달을 따내 다시 한 번 세계정상의 실력을 증명했다. 예선과 준결승 경기에서 중국·몽골·루마니아와 독일 선수들을 차례로 물리쳤고, 결승전에서 런던 올림픽 준결승전에서 만난 이탈리아의 로잘바 포르친티 선수를 또다시 제압하고 금메달을 획득했다.

안금애는 이 대회에서 금메달을 따고서 "북한에는 내 뒤를 이을 선수들이 백두산만큼 많아요"라고 인터뷰에서 말했다. 은퇴의사를 비치면서도 북한 여자유도가 앞으로도 만만치 않을 거라는 자부심을 드러낸 것이다.

# 지구를 들어올려라
## 림정심·림은심 자매역사

북한 여자마라톤에 김혜경·김혜성 쌍둥이 자매가 있다면, 여자역도에는 림정심·림은심 자매가 있다. 마라토너 쌍둥이 자매의 실력이 아시아 정상권이라면 역도 자매의 수준은 아시아를 넘어 세계 정상권이다.

림정심·림은심 자매는 지난 2018년 자카르타-팔렘방 아시안게임에서 나란히 금메달을 따냈다. 언니 림정심은 여자역도 75$kg$급, 동생 림은심은 69$kg$급에서 사이좋게 금메달을 나눠 가졌다.

림정심은 인상 116$kg$ 용상 147$kg$ 합계 263$kg$의 압도적 기록으로 금메달을 땄다. 림정심은 최고기록이 280$kg$인데, 그 대회에 출전한 선수 가운데 270$kg$을 넘는 기록을 가진 선수가 없어서 사실상 자신과의 싸움을 한 셈이다. 그러나 동생 림은심은 원래 63$kg$급 선수였지만 69$kg$으로 한 체급 더 올려 출전하는 바람에 쉽지 않은 대결을 펼쳐야 했다. 림은심은 인상 109$kg$ 용상 137$kg$ 합계

246kg을 들어올려 2위권 선수의 추격을 겨우 뿌리쳤다.

언니 림정심은 이미 세계가 인정하는 선수다. 2012년 런던 올림픽 여자역도 69kg급에서 금메달을 땄고, 2015년 휴스턴에서 벌어진 세계역도선수권대회에서는 75kg급으로 한 체급 올린 후유증을 이겨내지 못하고 은메달에 그쳤다. 그러나 2016년 리우데자네이루 올림픽에서는 75kg급 정상에 올랐다. 당시 림정심은 인상 121kg, 용상 153kg, 합계 274kg을 들어 정상에 우뚝 섰다. 258kg을 들어 은메달을 차지한 벨라루스의 다르야 나우마바 선수와의 합계 격차는 무려 16kg이었다. 올림픽에서 체급을 바꿔가며 두 차례나 금메달을 딴 것이다. 림정심은 올림픽 2연패에 대한 포상으로 인민체육인 칭호에 이어 로력영웅 칭호까지 받았다.

림정심은 어릴 때부터 '역도 신동'으로 불렸다. 북한의 역도 지도자인 김춘희 감독은 림정심이 겨우 열 살 때, 평양 만경대순화학교에서 공부하던 림 선수의 소질을 눈여겨보고 청춘거리 청소년 체육학교에 입학시켜 본격적으로 훈련을 하게 했다. 당시 김 감독은 림정심의 손이 유달리 크고 유연성이 좋은데다, 뭐든지 시키면 다 하겠다는 '강한 정신력'까지 갖추고 있어서 크게 될 것이라 보았다고 한다.

림정심은 역도를 시작한 지 불과 2년 만에 북한의 전국 청소년 체육학교경기대회에서 우승하며 가능성을 보이기 시작했다. 그리고 첫 국제대회인 2011년 세계주니어역도선수권대회 63kg급 인

림정심(좌)·림은심(우) 자매는 자카르타-팔렘방 아시안게임에서 나란히 금메달을 땄다. 나아가 다가올 2020년 도쿄 올림픽에서 남북한 사상 첫 '자매 금메달리스트'가 탄생할지에 귀추가 주목되고 있다.(사진=연합뉴스)

상에서 금메달을 따면서 더욱 기대를 갖게 했다. 그리고 성인무대 데뷔전인 2013년 10월 중국 톈진에서 열린 동아시아경기대회 69 $kg$급 경기에서 인상 117$kg$, 용상 148$kg$으로 합계 265$kg$을 들어올리며 우승을 차지해 동아시아권에서는 더 이상 적수가 없음을 보여주기도 했다.

그러나 동생 림은심은 역도에는 관심이 없었고, 가야금·거문고 등 예술에 재능을 보였다. 하지만 언니의 강력한 권유로 아홉 살 때 역도선수가 되기로 결심을 했다. 림은심은 열아홉 살이던

2016년 세계주니어역도선수권대회에서 첫 금메달을 딴 후, 성인 대회에서는 지난 2017년 아시아역도선수권대회 여자 63$kg$급에 처음 출전해서 금메달을 땄다. 그 대회에 언니 림정심은 나오지 않았다.

두 자매가 국제무대에 동시에 출전한 것은 자카르타-팔렘방 아시안게임이 처음이었다. 언니 림정심에겐 또 다른 의미도 있는 대회였다. 림정심은 그동안 아시안게임 징크스를 갖고 있었다. 다른 세계대회는 다 제패했지만 아시안게임에서는 번번이 정상에 오르는 데 실패한 것이다. 2010년 광저우 대회에서는 69$kg$급에 나서 겨우 4위에 머물렀고, 한창 전성기를 누리던 2014년 인천 아시안게임에서 체급을 올려 75$kg$급에 출전해선지 동메달에 머물렀다. 그러다 자매가 함께 출전한 대회에서 숙원을 푼 것이다.

이제 북한 역도는 2020년 도쿄 올림픽에서 올림픽 사상 최초로 '자매 금메달리스트 탄생'을 기대하고 있다. 2018년 자카르타-팔렘방 대회 자매 금메달은 예고편인 셈이다.

# '북한의 마이클 조던' 박천종

　　박천종의 별명은 '북한의 마이클 조던'이다. 남북스포츠 교류가 있고 나서부터는 '북한의 허재'라고도 불렸다.

　　북한의 농구인들은 박천종에게 '공화국의 조던'이라고 극찬을 했었다. 통일농구대회 당시 박천종의 플레이를 직접 본 남한의 농구인들도 "허재와 비슷한 수준이거나 허재보다 나은 면도 있다"고 감탄했었다.

　　'북한의 조던'이라는 별명은 미국 대학 남자농구 선수들이 처음 붙여준 것이다. 1998년 북한 사상 최초로 미국 대학선발 농구팀(2진급)을 평양으로 불러들여 북한의 '우뢰팀'과 친선경기를 가졌었다. 그 경기에서 박천종 선수는 날카로운 패스와 과감한 골밑 돌파 그리고 엄청난 점프력에서 나오는 덩크슛으로 팀 승리를 이끌었다. 특히 그는 공중으로 점프한 상태에서 2번, 3번의 페이크 동작으로 수비하는 선수를 따돌리는 등 상대 선수들을 압도하며 미국 대학선발팀을 127대83이라는 큰 점수차로 이기는 데 결정적인 역할을 했다. 그때 미국 대학선발팀에서 '북한에도 (마이클) 조던이 있네'라는 말이 나돌았다.

박천종은 키 187cm에 몸무게 90kg으로 허재와 비슷했으며, 넓은 시야와 빠른 스피드를 갖추었을 뿐 아니라 피봇(순간적으로 몸을 돌리는 플레이)은 물론 덩크슛도 자유자재로 구사했다. 특히 공중으로 떠올라서 몸을 옆으로 누이면서 공을 골대에 처박는 덩크슛은 가히 압권이었다. 또한 박천종은 파워포워드면서도 포인트가드처럼 전체 경기를 리딩하기도 했다. 2002년 부산 아시안게임과 두 번의 통일농구대회(1999년과 2003년)에 나와 모두 세 차례 남한 농구팬들에게 자신의 플레이를 각인시켰다.

박천종은 1999년 12월 23일 서울잠실체육관에서 열린 통일농구대회에 출전해 혼자 31득점에 6어시스트를 기록해 남북한 선수들을 통틀어 단연 돋보였다. 그는 전성기가 약간 지난 2003년의 통일농구대회에서도 혼자서 30득점을 올리며 맹활약했다. 당시 남한팀의 주전 포워드였던 추승균이 전담 마크했지만 속수무책으로 당하곤 했다.

박천종의 플레이 스타일을 보면, 외곽 라인에 있다가 퍼스트 스텝으로 단숨에 골밑까지 파고들어 직접 골밑슛을 때리거나 동료선수에게 찬스를 만들어주는 플레이를 했다. 그 수준은 NBA 선수 레벨이었다. 만약 한국에서 뛰었다면 슈퍼스타 대접을 받았을

게 틀림없다.

그러나 박천종은 엄청난 공격력에 비해 상대적으로 수비가 약해 맨투맨 마크에서 자주 뚫리는 모습을 보이곤 했다. 당시 왕년의 농구 스타 신동파 씨는 박천종의 플레이를 지켜보며 "공격력은 정말 나무랄 데가 없는데, 기량이 워낙 뛰어나고, 다른 선수들과 차이가 나다보니까 너무 혼자서만 모든 것을 해결하려는 것이 흠이다"라고 말했었다.

부산 아시안게임에서 맞붙었을 때는 박천종이 북한의 파워포워드로 출전했고, 남한에서는 김주성(205㎝) 선수가 전담 마크를 했었다. 박천종은 김주성보다 무려 17㎝나 작은 데도 불구하고 외곽슛과 3점슛, 미들슛 그리고 골밑 돌파를 자유자재로 했다. 하지만 후반에는 수비력이 좋은 방성윤 선수가 나가서 어느 정도 마크를 했다. 이렇게 박천종은 '농구는 키가 아니라 심장'으로 한다는 것을 모범적으로 보여주었다. 그러나 농구는 혼자 하는 게 아닌지라, 이 경기는 한국이 북한에 101대85로 크게 이겼다.('빅맨'끼리의 대결에서 한국이 북한에 압승을 거둔 결과였다. 당시 한국팀의 센터 서장훈 선수가 22득점에 15개 리바운드를 기록한 반면, 북한의 리명훈 선수는 서장훈의 집중마크 때문에 11득점 8리바운드에 그치고 말았다.)

박천종은 1969년 11월 평양화력발전연합기업소에서 일하는 노동자의 아들로 태어났다. 어릴 때는 평범하게 자랐으나, 소학교에 들어가면서 또래들보다 키도 커지고 순발력도 뛰어나 운동에 소질을 보이기 시작했다. 그리고 그가 택한 종목이 농구였다. 박천종은 농구를 시작하면서 곧바로 유망주 소리를 들었으며, 소학교를 졸업하고 평천구역 청소년체육학교에 들어간 후에는 북한 최고의 농구선수가 될 가능성이 있다는 평가를 받았다. 그는 타고난 소질뿐만 아니라 엄청난 노력을 하는 것으로 잘 알려져 있다. 하룻밤 동안에 수십리 길을 달리며 체력을 기르는 것은 물론, 자신이 스스로 납득할 수 있을 때까지 훈련을 하는 것으로 유명했다.

박천종은 뛰어난 농구 실력 때문에 국제대회 성적이 별로 없었는데도 불구하고 1994년 '공훈체육인' 칭호를 받았다. 현재는 북한농구협회 서기장(회장)을 맡고 있다.

# 세계수영선수권대회
# 첫 금메달 김국향

북한 스포츠는 '깜짝 쇼'를 자주 연출한다. 비밀병기를 숨겨놓았다가 올림픽이나 세계선수권대회에 출전시키는 것이다. 1999년 세비야 세계육상선수권대회 여자마라톤 금메달의 정성옥, 1996년 애틀랜타 올림픽 여자유도 금메달의 계순희 그리고 1966년 영국 월드컵 8강 등등이 대표적이다.

2015년 7월 30일 러시아 카잔의 세계수영선수권대회에서 또 한 번 북한의 깜짝 쇼가 벌어져 그야말로 세계 수영계를 놀라게 했다. 불과 열여섯 살의 김국향(4·25체육단) 선수가 여자다이빙 10$m$플랫폼 결승에서 397.05점으로 금메달을 목에 걸은 것이다. 다이빙은 중국이 6할 이상을 지배하고 있는 종목인데, 김국향 선수가 중국의 아성을 무너뜨리고 금메달을 차지한 것이다. 당시 김국향 선수는 모두 5차례의 시기 가운데 4차까지 끝낸 상황에서는 3위에 그쳤었다. 그러나 마지막 5차 시기에서 2명의 심판으로부터 10점 만점을 받는 등 완벽에 가까운 연기를 펼치며 극적인 역전 우승을 연출했다.

1973년 유고슬라비아 베오그라드에서 제1회 세계수영선수권대회가 열린 이후 북한 선수가 금메달을 딴 것은 2015년 대회가 처음이었다.

김국향은 여덟 살 때 체조를 배우기 시작했지만, 북한에 다이빙 세계선수권 보유자가 없다는 어머니의 말을 듣고 열두 살 때 다이빙으로 종목을 바꿨다고 한다. 다이빙은 정확한 자세에 기초한 빠른 회전과 몸 펴기 등 난도 높은 동작들을 2초도 못 되는 짧은 시간에 수행해야 한다. 김국향은 매일 40번 이상 물에 다이빙하기를 하루도 쉬지 않았다고 한다. 사람이 가장 공포를 느낀다는 $10m$ 높이에서 수만 번 뛰어내렸다는 얘기다. 그런 노력의 결실로 김국향은 북한 최초의 세계선수권 메달을 얻었고, 대회 이후 '인민체육인' 칭호를 받았다. 북한은 1년 후 리우데자네이루 올림픽에서도 김국향이 당연히 금메달을 딸 것으로 기대했다.

그러나 김국향은 2016년 리우데자네이루 올림픽에서 크게 실패했다. 28명의 출전 선수 가운데 최소한 상위 18위 내에 들어야 준결승에 진출할 수 있는데, 김국향은 $10m$플랫폼 예선에서 5차 시기 합계 263.20점을 받고 참가선수 28명 중 25위에 그쳐 예선 탈락했다. 1년 전 세계선수권대회보다 무려 130점이나 적은 성적표를 받아든 것이다. 예선 1위는 김국향이 세계선수권대회에서 금

카잔의 세계수영선수권대회에서 아름답게 입수하고 있는 김국향의 모습. 김국향은 2019년 한국 광주에서 열린 세계수영선수권대회에 참가할 것이 기대되었으나 북한 선수단의 불참으로 이루어지지 않았다.(사진=연합뉴스)

메달을 땄을 때보다 약간 많은 397.45점을 받은 중국의 쓰야제 선수(김국향보다 한 살 많으며, 2014년 세계선수권대회 금메달리스트)였다.

당시 김국향은 "컨디션도 엉망이었고, 몸 상태도 최악이었다. 사실 중도에 기권을 하고 싶었었다"고 말하기도 했다. 김국향은 주종목인 10m플랫폼 경기에 앞서 열린 여자 싱크로나이즈드 다이빙 10m플랫폼 경기에도 김미래 선수와 짝을 이뤄 출전했지만 4위에 머물러 아깝게 메달 수확에 실패했다.

그러나 김국향은 2017년 부다페스트 세계수영선수권대회에서 다시 부활했다. 역시 김미래 선수와 짝을 이뤄 나간 여자 싱크로나이즈드 10m플랫폼 결승에서 총 5차 시기 합계 336.48점을 받으며 은메달을 차지한 것이다. 이 대회에서 딴 은메달은 북한의 세계선수권대회 첫 은메달이었다.

김국향은 이 기세를 이어가 그 다음 달에 열린 대만 하계유니버시아드 대회 여자다이빙 10m플랫폼 경기에서 금메달을 땄고, 김운향 선수와 호흡을 맞춰 여자 싱크로나이즈드 다이빙 10m플랫폼 경기에서도 금메달을 목에 걸어 2관왕에 올랐다.

이제 2020년 도쿄 올림픽에서 리우데자네이루 올림픽에서의 참패를 설욕할 기회를 기다리고 있다.

# '북한의 손흥민' 한광성

한광성은 최성혁·박광룡과 더불어 유럽축구 무대를 개척해 나가는 북한 선수라고 할 수 있다. 마치 1980년대 차범근 선수가 유럽의 분데스리가에 진출해서 이후 허정무·최순호·안정환에 이어 박지성·손흥민 선수가 뒤를 이어가도록 한 것처럼.

한광성이 국제무대에 처음 선을 보인 것은 2014년 태국에서 열린 아시아축구연맹AFC 16세 이하 선수권대회였다. 이 대회 결승에서 한국과 북한이 우승을 다퉜다. 북한은 당시 에이스였던 한광성의 선제골과 최성혁의 결승골로 이승우를 앞세운 한국을 2대1로 누르고 우승을 차지했다. 이승우는 대회 동안 5골을 터트려 득점왕에 올랐고, 최우수선수상을 받는 등 개인적으로는 2관왕으로 각광을 받았지만, 우승은 북한의 것이었다.

한광성은 2017년 3월 10일 이탈리아 세리에A의 칼리아리 칼초와 2020년까지 3년 동안 뛰기로 계약을 했다. 그가 이탈리아 프로리그로 진출하기까지는 김정은의 뒷받침이 결정적인 역할을 했다. 김정은이 평소 친분이 있는 이탈리아의 안토니오 라치 상원의원를 통해서 이탈리아의 유소년 축구선수 육성기관에 한광성을 보내고 그 후에 칼리아리 칼초에 입단하게 된 때문이다.

칼초에 입단할 때 나이가 열여덟 살이었기 때문에 리저브팀(2군팀)에서 뛰기 시작했고, 실력을 인정받아 4월 2일 US팔레르모과의 경기에서 후반 40분경 투입돼 추가시간까지 8분간 뛰게 됨으로써, 북한 최초의 세리에A 선수가 되었다.

일주일 뒤인 4월 9일 토리노 FC와의 홈경기에서 한광성은 후반 35분경 교체 멤버로 투입돼서 추가시간 5분에 데뷔골인 헤더골을 성공시켰다. 세리에A 데뷔 두번째 경기 만에 골맛을 본 셈이다. 그는 이후 3게임을 더 뛰어서 2016~2017 시즌(세리에A를 비롯한 유럽 축구리그는 8월경에 시작해 다음해 5월경에 끝난다) 세리에A를 5게임 1골로 마감했다.

한광성은 2017~2018 시즌을 앞두고 한국의 안정환 선수가 2002년 한일 월드컵 무렵 뛰었던 페루자 칼초로 임대되었다. 당시 페루자 칼초는 한 등급 낮은 세리에B로 강등된 상태였기 때문에, 승격을 위해 필요한 선수를 여럿 임대해왔다. 또 당시 페루자 칼초 팀에는 한광성의 친구인 최성혁 선수가 뛰고 있었다.

2017년 8월 27일 세리에B 개막전인 비르투스 엔텔라와의 경기에서 한광성이 해트트릭을 기록하며 팀의 5대1 대승을 이끌었

세리에A 데뷔 경기에 나선 한광성. 그는 유럽 축구리그에서도 재능을 인정받고 있지만, 국제사회에서 북한이 받는 제재로 인해 그 재능을 펼칠 기회가 제약되고 있다. 유벤투스 등의 명문팀이 한광성 영입을 타진하다가 대북제재에 대한 부담으로 포기하기도 했다.(사진=연합뉴스)

다. 비록 2부리그이긴 하지만 한광성의 해트트릭 소식을 들은 김정은이 축전을 보내오기도 했다. 이어서 9월 3일 페르카라 칼초와의 경기에서도 후반 20분까지만 뛰고도 골을 터트려 2게임에서 4골을 몰아넣자 유벤투스(이탈리아), 아스널(잉글랜드) 등의 명문 구단에서 관심을 보이기 시작한다는 소문도 들렸다.

한광성은 2017~2018시즌 전반기에만 7골 3어시스트를 기록하는 준수한 성적을 올렸는데, 원 소속팀인 칼리아리 팀이 세리에A에서 16위로 처지며 강등권에 머물자 2018년 1월에 칼리아리로 복귀하게 된다. 그러나 2018년 8월 페루자 칼초 팀으로 재임대되었고, 곧바로 무릎수술을 받았다.

2019년 3월 9일, 한광성 선수는 한국의 이승우 선수와 그라운 드에서 만났다. 세리에B에서 이승우 선수가 속한 헬라스 베로나와 한광성 선수가 속한 페루자가 맞붙은 것이다. 경기 장소는 한광성 선수의 홈그라운드인 스타디오 레나토 쿠리 스타디움이었다. 이 이색적인 남북 대결에 현지 언론도 관심을 보였다. 이날 경기에서 이승우는 선발 출전해서 풀타임 활약을 했고, 한광성은 후반 22분 교체 투입되면서 그라운드에서 만나게 되었다. 두 선수 모두 공격 포인트를 올리지는 못했지만 이승우의 베로나 팀이 한광성의 페루자를 2대1로 이겼다. 같은 해 5월 19일에도 또 한 번의 '남북 더비'가 열렸다. 이번에는 세리에A 승격을 위한 플레이오프 예선 경기였다. 이날 경기에서는 이승우가 도움 1개를 기록하면서, 공격 포인트를 올리지 못한 한광성에 판정승을 거두었다. 경기 또한 베로나가 4대1로 승리했다.

한광성은 미남형의 얼굴에 키 180cm, 몸무게 77kg에 기본기가 좋고, 스피드가 뛰어나다. 그리고 양쪽 발을 모두 쓰기 때문에 수비하기 까다로운 선수다. 포지션은 손흥민 선수와 같은 레프트윙인데, 팀 사정에 따라 라이트윙 원톱 또는 공격형 미드필더로도 뛴다. 그는 이탈리아어·스페인어·영어에도 능통해 통역 없이 인터뷰를 한다. 별명도 많아 '북흥민', '한흥민' 또는 '반동 텔리'(이탈리아 선수 발로텔리의 이름을 비튼 것) 등으로 불리고 있다.

# 북한 스포츠의 대부
## 장웅 전 IOC위원

북한 최초이자 유일한 IOC 위원을 지낸 장웅은 1996년 애틀랜타 올림픽 때 한국의 이건희와 함께 IOC 위원에 선임된 후 2018년 임기(만 80세)를 마치고 물러날 때까지 북한 스포츠의 대부代父로 활약해왔다.

장웅 전 IOC위원의 위상이 잘 보여주는 장면이 있다. 2017년 6월 24일 세계태권도선수권대회가 무주에서 열렸다. 마침 문재인 대통령이 전북 무주 태권도원에서 열린 개막식을 찾았다. 문 대통령은 도종환 문화체육관광부 장관, 주영훈 대통령경호실장 등과 함께 개막식 내빈석에 도착해 자신이 원래 앉아야 할 좌석을 지나쳐 북한의 장웅 IOC위원 쪽으로 향했다. 문 대통령은 장 위원과 눈을 마주치고 만면에 미소를 지으며 악수를 청했고, 축사에서도 북한 측에게 각별한 환영의 인사를 빼놓지 않았다. 문 대통령은 "(장웅 위원은) 우리나라와 가장 가까이 있지만 가장 먼 길을 오셨을 것 같다. 어려운 여건에서도 민족 화해와 한반도 평화를 위해 대한민국을 방문한 장웅 위원과 리용선 국제태권도연맹ITF 총재, 북한 ITF태권도 시범단에게도 진심어린 환영의 말씀을 드린다"며 특별하게 챙겼다.

장 전 위원은 한국에 올 때마다 북한 스포츠계의 정보를 알려주곤 했는데, 예를 들면 "북한에도 체육 소식만을 전문으로 다루는 한국의 『스포츠서울』이나 『일간스포츠』 같은 『체육신문』이 있어서 청소년 등 젊은층들이 많이 구독하고 있다. 특히 유럽축구나 해외스포츠 소식이 인기를 끌고 있다"며 우리 기자들에게 일러주었다.

장웅 전 위원은 IOC 위원이 되기 이전인 1970년대부터 IOC 위원의 임기를 마친 현재까지도 수십 년간 북한 체육계를 대표해온 인물이다. 한국의 김운용 전 IOC 위원이 생존해 있을 때는 두 사람을 '남김북장'으로 부르기도 했다. 즉 남한의 김운용 북한의 장웅이 한반도의 스포츠를 대표하는 인물이라는 것이다.

장웅 전 위원은 1976년 몬트리올 올림픽에서 북한의 통역요원으로 국제무대에 데뷔했다. 그 후 각종 국제스포츠 회의에서 북한 대표로 참석해 국제스포츠계에서 자신의 입지를 넓히며 북한 스포츠의 이미지를 개선했다. 물론 북한 내에서는 김일성, 김정일 그리고 김정은까지 3대에 걸친 북한 권력자들의 총애를 받았기에 가능했다.

그는 IOC 위원이 되기 전부터 북한 내에서는 스포츠에 관한 한 남부럽지 않은 파워를 갖고 있었다. 1985년 북한 올림픽위원회 서기장에 올랐으며, 그 후 스위스 로잔에서 열린 남북 체육회담(1985년~1987년)과 1990년 베이징 아시안게임 남북단일팀 구성을 위한 회담(1989년~1990년)에 각각 북한 대표로 참석했고, 1990년부터 본격적인 남북화해 분위기 속에 진행된 남북 체육교류 및 단일팀 구성을 위한 회담(1990년~1991년)에 부단장으로 참석하는 등 줄곧 북한 스포츠계의 좌장으로 활동해왔다.

1994년 12월 애틀랜타올림픽조직위원회를 방문해서 북한의 1996년 애틀랜타 올림픽 참가의사를 처음으로 밝히기도 한 인물이 그였다. 그리고 1996년 7월 11일 북한의 애틀랜타 올림픽 출전 선수단 1진 26명을 이끌고 애틀랜타에 입성했으며, 올림픽 기간 중 열린 IOC 총회에서 위원으로 선출되었다.

1938년생인 장웅은 젊은 시절 농구선수를 지낸 만큼 키(187cm)가 커서 유럽 등 서구인들이 주류를 이루는 IOC 위원들 사이에서도 장신에 속한다. 영어와 불어 등 외국어에도 능통하고 스포츠 행정에도 밝다.

또한 국제 태권도계를 이끄는 역할도 해왔다. 국제 태권도계는 한국이 주도하고 있는 세계태권도연맹WTF과 북한이 이끄는 국제 태권도연맹ITF으로 양분되어 있다. ITF는 지난 2002년 6월 15일 최홍희 전 총재가 평양에서 사망하면서 분열되기 시작했다. 당시 장웅 IOC 위원이 이끄는 계열(오스트리아)과 최홍희 전 총재의 아들이 주도하는 최중화 계열(캐나다), 최홍희 전 총재 시절 사무총장을 지낸 베트남계 캐나다인 고故 트랑콴 계열로 각각 나눠져 3개 단체로 쪼개진 것이다. 그런데 한국 정부와 WTF, 그리고 IOC는 ITF계의 세 단체 중 현직 IOC 위원으로 활동중인 장웅 계열을 파트너로 택했다. 장웅 총재는 고 최홍희 총재로부터 후계자로 지명받았다며 유언을 공개하면서 2002년 9월 평양에서 열린 임시 총회에서 ITF의 차기 총재로 선출됐다. 그 후 2015년까지 13년째 총재를 맡았다가 지난 2015년 8월 17일 불가리아 플로브디브에서 열린 총회에서 리용선에게 자리를 물려주고 자신은 명예총재로 남았다.

장 전 위원은 2018년 2월 5일 강원도 강릉아트센터에서 열린 IOC 총회 개회식과 평창올림픽 선수촌에서 열린 휴전벽 제막식 행사에 아들 장정혁 씨와 함께 참석해 눈길을 끌기도 했다.

# 3장

# 세계를 깜짝 놀라게 한 북한 스포츠

# 북한의
# 월드컵 8강 진출

1966년 영국 월드컵에서 북한이 8강에 진출한 것은 축구뿐만 아니라 세계 스포츠사로 볼 때도 빼놓을 수 없는 사건이었다.

그때까지만 해도 지구촌의 관심을 모으는 스포츠 이벤트는 동·하계올림픽과 월드컵뿐이었다. 그런데 올림픽에서는 1964년 도쿄 올림픽에서 제2차 세계대전 패전국 일본이 처음 정식 종목이 된 여자배구에서 금메달을 따고 종합 3위를 한 것 외에는 별다른 이변이 없었고, 월드컵은 1950년 브라질 월드컵 예선에서 미국이 축구 종주국 영국을 1대0으로 제압한 것 외에는 거의 이변이 일어나지 않았다. 그러나 영국 월드컵에서 북한이 이탈리아를 격파한 것은 지금까지도 월드컵 최대의 이변으로 불릴 정도로 세계 스포츠계를 깜짝 놀라게 했다.

영국 월드컵은 모두 16개국이 출전했다. 개최국 영국을 비롯해서 유럽 10팀과 브라질 등 남미 4팀 그리고 북중미 대표 멕시코와 아시아·오세아니아·아프리카 3대륙 대표 북한까지 16팀이 본선에 올랐다.

북한이 아시아·오세아니아·아프리카 3대륙을 대표했다는 사실이 눈에 띈다. 이 대회에서 FIFA는 이 3대륙을 함께 묶어 지역예선을 치르게 하면서, 본선 진출권은 한 장밖에 주지 않았다. 이에 반발해 대부분의 국가는 참가를 포기해버렸다. 북한·호주·남아프리카공화국·한국만이 참가할 의사를 보였지만 남아프리카공화국은 자국의 인종차별 정책 때문에 실격당하고, 한국은 북한의 전력을 두려워해 기권을 했다. 결국 북한과 호주의 대결로 좁혀진 영국 월드컵 3대륙 최종 예선에서 북한은 호주와 두 차례 경기에서 상대를 6대1, 2대0으로 완파했다.

본선에 오른 16개국 가운데 유럽의 포르투갈과 북한은 월드컵 본선 무대에는 첫 진출이었다. 우승후보는 축구황제 펠레가 스물다섯 살의 전성기를 보내고 있는 브라질과 수비수(스위퍼) 한 명을 세운 1-4-2-3시스템을 앞세운 이탈리아였다.

북한은 김기수 씨를 단장으로 무려 70여 명의 선수단을 꾸렸다. 명례연 감독 밑에 노택림, 연승철, 김광섭 등 공격·수비·골키퍼를 담당하는 부문별 코치를 대동했으며, 선수·임원·통역·요리사·심판·주치의까지 함께했다.

북한은 월드컵을 앞두고 무려 3년 동안 인민군 특수부대에서 체력과 조직력 훈련을 하면서 평균 신장 165cm의 약점을 보강해왔다. 또한 대회 개막을 11일이나 앞두고 개최국인 영국을 제외한 출전국 가운데 가장 먼저 런던에 도착해서, 런던 교외의 한적한 곳에 자리를 잡고 비밀훈련을 실시했다. 그렇지만 영국과 유럽의 도박사들은 북한의 우승 가능성은 1만분의 1도 안 되고, 단 1승을 올릴 가능성도 겨우 1퍼센트밖에 안 될 것으로 예상했다.

북한은 대부분의 축구전문가들이 예상했던 대로 소련과의 첫 경기에서 0대3으로 패했고, 두번째 경기였던 칠레와도 1대1 무승부를 했다. 이제 우승후보 이탈리아전에서 몇 골 차로 패해서 평양행 비행기를 타느냐만 남은 것 같았다.

경기는 7월 19일 미들즈브러 스타디움에서 벌어졌다. 북한과 이탈리아전이라는 영국 월드컵에서 가장 흥행가치가 없는 경기라 그런지 대회 중 가장 적은 수의 관중(1만8000명)이 들어왔다.

프랑스인 슈빈테 주심의 휘슬이 울리자 예상했던 대로 이탈리아 선수들은 길고 높은 패스로 제공권을 장악해서 키가 작은 북한 선수들을 압도하려 했다. 북한은 소련전과 칠레전에서 내성이 생긴 듯 빠른 주력으로 역습 찬스를 노렸다.

전반 10여 분이 지나면서 북한 선수들이 이탈리아 진영을 넘나들기 시작했다. 3년 동안 군부대에서 갈고 닦은 체력이 빛을 발하기 시작한 것이다.

이탈리아의 에드몬드 파브리 감독은 북한 선수들의 빠른 주력을 감안해 공격의 두 주축인 박두익과 한봉진을 밀착 마크하게 했다. 박두익은 불가렐리, 한봉진은 자니치가 찰싹 달라붙었다.

　전반 35분, 이탈리아에 불길한 조짐이 생겼다. 불가렐리 선수가 질주하는 박승진의 발을 걸었는데, 박승진이 공중에 떴다 불가렐리의 발목 위로 떨어진 것이다. 불가렐리는 "악!" 하는 비명과 함께 나뒹굴었고, 그대로 들것에 실려 나갔다.

　당시 축구 룰은 선발 출전한 11명이 그대로 경기를 끝내야 하는 것이었다. 부상을 당해서 1명이 퇴장을 하면 10명, 2명이 나가면 9명이 끝까지 싸워야 했다. 지금처럼 교체선수 제도가 없었다. 이제 발 빠르고 독이 오른 11명의 북한 선수와 10명의 이탈리아 선수가 싸우게 된 것이다.

　이탈리아가 10명으로 싸운 지 6분이 지났을 때 북한의 결승골이 터졌다. 전반 41분 하정원 선수가 이탈리아 골문 쪽으로 공을 높이 띄워주었고, 박승진이 따라붙는 리베라를 제치면서 머리로 페널티 에어리어 정면에다 떨어트렸다. 이를 달려 들어오던 박두익이 강한 슈팅을 땅볼로 때렸고, 이탈리아 알베르토시 골키퍼가 몸을 날렸지만 골은 이미 이탈리아 골대 왼쪽 포스트 안으로 파고 들었다. 후반 들어 이탈리아의 맹공이 있었지만 북한의 끈질긴 수비에 막히고 말았다.

　8강전인 포르투갈과의 경기는 리버풀 스타디움에서 벌어졌는데, 우승후보 이탈리아를 꺾은 것이 화제가 되고 북한의 실력이 인정받으면서 많은 영국 축구팬들이 몰려들었다. 무려 5만1780명이

월드컵 8강전에서 강호 포르투갈을 앞서가며 기뻐하는 북한 선수들. 역사에 만약은 없지만, 북한이 3점의 리드를 잘 지켰다면, 월드컵 4강 신화는 북한이 먼저 이루었을 것이다.(사진=연합뉴스)

경기장을 찾아 직접 경기를 관전했다.

　북한의 돌풍은 포르투갈과의 8강전 전반까지 계속되었다. 북한은 포르투갈과의 경기에서 시작 23초 만에 박승진의 골로 1대0으로 앞서갔고, 이후 이동운(22분), 양성국(23분)의 연속골로 전반을 3대0으로 앞섰다. 그때까지만 해도 북한의 준결승 진출이 확정된 것처럼 보였다. 그러나 후반전에 북한은 세계적인 스트라이커 에우제비오에게만 무려 4골(2개의 페널티킥 골 포함)을 얻어맞으며 3대5로 역전패를 당했다. 월드컵 본선에서 3골 차이가 뒤집어진 것은 그 경기가 처음이자 마지막이었다.

　　　　　　　　　　　　　　　3장 세계를 깜짝 놀라게 한 북한 스포츠

# 1972년 뮌헨 올림픽과
# 북한의 대활약

　1972년 뮌헨 올림픽은 올림픽 역사상 최대의 비극이 일어난 대회였다. 팔레스타인 테러단체인 '검은 9월단'이 이스라엘 선수촌을 습격해서 이스라엘에 억류중인 팔레스타인 정치범 200여 명의 석방을 요구하며 이스라엘 선수단과 심판을 비롯한 9명을 인질로 삼았다. 서독 경찰은 구출 작전을 펼쳤으나 실패로 돌아가 결국 이스라엘 선수 5명과 코치 4명, 심판 2명, 아랍 테러리스트 5명 그리고 서독 경찰관 1명 등 모두 17명이 목숨을 잃었다.

　그러나 이 대회는 북한에게는 매우 의미 있는 올림픽이었다. 북한이 첫 출전한 하계올림픽대회였으며, 사격에서 남북한을 통틀어 첫번째 금메달을 땄고, 여자배구에서도 한국을 꺾고 메달을 획득했다. 분단 이후 최초의 남북한 스포츠 대결에서 북한이 완승을 거둔 것이다.

　1945년 제2차 세계대전의 막이 내리고, 한반도는 남과 북으로 갈라서야 했다. 남쪽에서는 1947년 조선올림픽위원회KOC(나중에 대한올림픽위원회로 개칭)가 만들어져 IOC로부터 한반도에서 유일하고 합법적인 NOC(국가단위 올림픽위원회)로 승인을 받았기 때문에 1948년 런던 올림픽부터 선수단을 파견하기 시작했다.

반면 북한의 NOC는 1960년 IOC로부터 승인을 받아 1964년 2월에 있었던 인스부르크 동계올림픽에 처음 출전했다. 같은 해 10월에 벌어진 1964년 도쿄 올림픽에도 출전하려고 했으나, 1962년 인도네시아에서 열린 가네포(신흥국경기대회)대회에 나갔던 선수들의 출전 자격이 박탈된 불만을 품고 선수단을 철수시켰다. 그 후 북한은 1968년 멕시코 하계올림픽을 건너뛰고, 1972년 뮌헨 올림픽부터 본격적으로 선수단을 파견했다.

그런데 이 대회에서 북한은 금메달 1개, 은메달 1개에 동메달 3개를 따는 놀라운 성적을 거둔다. 한국은 1948년 런던 올림픽 이후 뮌헨 올림픽까지 7번째 올림픽에 도전해서 아직 단 한 개의 금메달도 따지 못하고 있는데, 북한은 올림픽 무대에 서자마자 금메달을 따냈으니 부러울 따름이었다. 그런 가운데 북한의 이호준은 사격에서 금메달을 딴 뒤 "원수의 심장을 겨누는 심정으로 총을 쐈다"고 말해 엄청난 파문을 일으키며, 안 그래도 불편해 있던 한국 관계자들의 속을 더 긁어놓았다.

첫 남북대결은 복싱 링 위에서 벌어졌다. 복싱은 한국의 전통적인 강세 종목이었다. 1948년 런던 올림픽에서 한수안이 동메달을 따 한국에 올림픽 첫 메달을 안겼으며, 1956년 멜버른 올림픽에서 송순천이 은메달, 1972년 멕시코시티 올림픽에선 지용주가 은메달을 거둔 효자 종목이다. 뮌헨 올림픽에서도 당연히 메달을 기대했을 것이다. 그런데 라이트플라이급 2회전에서 기대했던 이석운이 북한의 김우길과 붙어 1대4 판정패를 하고 말았다.

구기종목인 배구에서의 남북 대결은 어느 이벤트보다 관심을 모았다. 남북한이 구기종목에서 붙은 첫번째 맞대결이었기 때문이었다. 그것도 올림픽 구기종목 첫 메달을 다투는 동메달 결정전이었다. 그러나 한국 여자배구는 북한 여자배구에 제대로 힘 한 번 써보지 못하고 2시간 20분 만에 0대3으로 완패했다. 북한 선수들의 마치 목숨을 건 것 같은 끈질긴 수비는 관중들을 매료시켰다.

아무튼 뮌헨 올림픽에서 북한은 첫 금메달과 구기종목 첫 메달을 따내 금메달 1개 은메달 1개 동메달 3개를 획득해 유도에서 은메달 1개(80 kg이하급의 오승립)에 그친 한국을 압도했다. 한국은 4년 후에 벌어진 1976년 몬트리올 올림픽에서 레슬링 페더급의 양정모 선수가 올림픽 참가 사상 첫 금메달을 땄고, 구기종목에서도 여자배구가 첫 (동)메달을 획득했다.

# 세계정상권의
# 북한 여자축구

북한 남자축구는 그동안 월드컵 본선에 두 번 진출했다. 그런데 본선 성적이 극과 극(1966년 영국 월드컵 8강, 2010남아공 월드컵 최하위인 32위)이었다. 그런데 북한의 여자월드컵 본선 성적은 꾸준히 훌륭한 편이다.

북한 여자축구가 월드컵 본선에 처음 오른 것은 2003년 미국에서 벌어진 제2회 여자월드컵이었다. 그 대회에서 북한은 1승2패로 16강에서 탈락한다. 그 후 북한 여자축구는 2007년 중국 월드컵, 2011년 독일 월드컵 등 3연속으로 본선에 진출했으며 중국 월드컵 때는 8강에도 올랐다. 북한 여자축구는 총 전적 3승2무8패로 여자월드컵 통산 성적 14위에 올라 있다.

U-20 여자월드컵 대회로 내려오면 북한 여자축구의 성적은 더 대단하다. 미국·독일·일본과 함께 우승을 거둔 나라 중 하나다. 북한은 2002년 캐나다 대회부터 2018년 프랑스 대회까지 9번의

2016년 U-17 여자월드컵에서 일본을 꺾고 우승한 북한대표팀. 남남북녀라서일까? 남자축구는 남한이 앞서지만, 여자축구는 북한이 한 수 위의 실력을 보이고 있다.(사진=연합뉴스)

대회 가운데 독일과 미국(각각 3번씩 우승)에 이어 2번의 우승으로 당당히 3위에 랭크되었다. 아시아 여자축구 강국 일본도 2018년 프랑스 대회에서 겨우 한 번 우승을 차지했을 뿐이다. 반면 한국은 U-20 여자월드컵에서 2010년 독일 대회 때 딱 한번 3위를 차지한 것이 가장 좋은 성적이었다.

북한이 U-20 월드컵에서 처음으로 우승을 차지한 대회는 2006년 러시아 대회였다. 당시 북한은 결승전에서 중국을 5대0으로 대파했다. 그전 대회까지 U-20 여자 월드컵 결승전 최다 스코어 차이는 겨우 2골(2대0 또는 3대1)이었다. 당시 북한 여자축구팀의 전력이 얼마나 막강했는지 짐작이 가는 점수차다.

북한은 2016년 파푸아뉴기니 대회 결승전에서는 유럽의 강호 프랑스를 3대1로 제압하고 두번째 U-20 여자월드컵 정상에 올랐다.

FIFA 주관의 여자축구대회는 월드컵, U-20 월드컵, U-17 월드컵, 그리고 여자클럽 월드컵까지 총 4개인데, U-17 여자월드컵에서는 북한이 최강자라고까지 할 수 있다. 그동안 여섯 번의 대회 가운데 북한이 두 번 우승을 차지했고, 일본·스페인·한국·프랑스가 각각 한 번 정상에 올랐다. 2008년 뉴질랜드에서 1회 대회가 열렸는데, 초대 챔피언도 북한이었다. 북한은 미국과의 결승전에서 연장 접전 끝에 2대1로 이겨 당당히 초대 우승국이 되었다. 북한은 2010년 트리니다드토바고 대회에서는 4위에 그쳤는데, 그 대회는 한국이 우승국이었다. 그리고 북한은 2016년 요르단에서 열린 대회에서 두번째 우승을 차지했다.

북한의 여자축구가 강한 이유로는 강한 체력과 정신력을 들 수 있다. 북한의 남자축구가 군부대 팀인 4·25축구단이 주축이라면 북한의 여자축구는 월미도축구단이 주축을 이룬다. 월미도축구단은 엄청난 체력훈련으로 유명한데, 송미영·김향심 등 일부 선수들에게 확인한 결과 훈련의 강도가 너무 높아서 쓰러진 적도 여러 번 있고, 심지어 훈련장에 나가기조차 두려웠던 순간들이 많았다고 했다.

남북 여자축구 맞대결에서도 남한이 북한에 1승3무15패로 크게 뒤지고 있다. 2017년 2월 11일, 동아시아축구연맹EAFF 주최 여자 동아시안컵 풀리그 2차전에서 북한에게 0대1로 패한 한국 여자축구의 윤덕여 감독은 "북한은 강한 체력을 바탕으로 한 축구를 했다. 특히 스피드가 좋았다. 전방 압박이 심해 세컨드 볼 싸움에서 우리가 뒤졌다"고 패인을 밝혔다.

# 1978년 방콕 아시안게임
# 남자축구 금메달

1970년대는 남과 북의 극단적 냉전시기였다. 1978년 방콕 아시안게임 개회식을 KBS가 실황중계를 했지만, 북한이 행진할 때 자막으로 화면을 가려 북한 선수들이 입장하는 모습을 볼 수 없게 하기까지 했다. 그런데 흥미롭게도 이 대회에서 남북한이 가장 관심을 갖고 있는 축구에서 공동으로 금메달을 수상하는 에피소드가 있었다.

방콕 아시안게임 축구에서는 14개국이 3팀 또는 4팀씩 4개 조로 나뉘어 예선리그를 벌였다. 한국은 쿠웨이트·일본·바레인과 C조에 속했고, 북한은 태국·버마(지금의 미얀마)와 D조에서 조별 예선경기를 벌였다.

한국은 예선 3경기를 모두 이겼는데, 쿠웨이트를 2대0(오석재, 허정무의 골), 일본을 3대1(이영무, 박성화, 오석재 골) 그리고 바레인은 5대1(조광래 2골, 오석재 2골, 차범근 1골)로 대파하고 조 1위로 준결승리그에 올랐다. 한편 북한은 버마와 태국을 모두 3대0으로 완파하고 역시 조1위로 준결승리그에 올랐다.

한국은 준결승리그 B조에서 중국을 1대0(차범근 골), 말레이시아를 1대0(오석재 골), 그리고 태국을 3대0(오석재, 김성남의 골과 태국의 자책골)으로 완파하고 조1위로 결승전에 올랐다. 북한도 2승1무로 2승1패인 이라크를 조2위로 밀어내고 A조 1위로 결승전에 합류했다. 이로써 방콕 아시안게임 축구결승전은 남북한의 물러설 수 없는 한판 대결로 펼쳐지게 되었다.

한국 대 북한의 결승전은 대회 마지막 날인 12월 20일 방콕의 수파찰라사이 스타디움에서 벌어졌다. 경기 후 바로 폐회식이 이어지기에 6만여 명의 대관중이 들어찬 가운데 벌어졌다.

남북한 두 팀은 전후반 90분은 물론 30분 동안의 연장전까지 벌였으나 120분 동안 득점이 나오지 않아서 0대0 무승부로 끝이 났다. 당시의 룰로는 결승전이나 3,4위전에서 승부가 나지 않으면 공동 순위로 처리했기 때문에 남북이 공동으로 금메달을 수상하게 되었다.

그런데 시상식에서 웃지 못할 해프닝이 일어났다. 시상식에 양팀 주장이 같이 올라가게 돼 있었는데, 북한의 김종민 선수가 먼저 시상대에 올랐다. 이어서 남한팀의 주장 김호곤 선수가 시상대에 올라가려 했으나 먼저 오른 북한의 김종민이 자리를 내주지 않는 것이었다. 그러자 김호곤은 억지로 몸을 비집고 올라섰다. 김종

함께 시상대에 오른 남한의 김호곤(왼쪽)과 북한의 김종민(오른쪽)이 다정하게 어깨동무를 했지만, 사실 그 장면은 연출된 것이었다. 시상대에서 서로 밀치는 모습에 주변 분위기가 이상해지자 김호곤은 "다른 사람들이 다 우리를 주시하고 있는데 웃으면서 포즈나 취해주자"고 제안해 상황을 수습했다.

민도 지지 않았다. 김호곤이 자신의 몸을 밀고 올라오자 밀쳐 넘어 뜨렸고, 다시 일어선 김호곤이 이번에는 김종민을 더 세게 밀어내는 상황이 반복되었다. 결국 두 사람은 좁은 시상대 꼭대기에서 위태롭게 하나가 되어 어색하게 미소를 지으며 금메달을 목에 건 후 어깨동무를 하는 장면을 연출해야 했다.

남북한 축구는 그로부터 36년 만인 2014년 인천 아시안게임 축구 결승전에서 또다시 만났다. 룰이 바뀌어 무승부가 없어졌기 때문에 이번에는 승부가 가려질 수밖에 없었다. 남북한은 이번에

도 전후반 90분을 득점 없이 끝낸 후 30분 동안의 연장전에 돌입
했다. 그리고 연장 후반 종료 직전에 터진 임창우 선수의 극적인
오른발 슛으로 결승골이 터졌다. 그날 승리로 한국은 1986년 서울
아시안게임 이후 28년 만에 축구 금메달의 주역이 됐다.

# 4장

# 대결과 교류를
# 이어온
# 남북 스포츠

# 남북
## 스포츠 대결의 역사

흔히 스포츠를 '총성 없는 전쟁'이라고 한다. 더구나 냉전시대의 두 진영 간 스포츠 맞대결은 죽기 아니면 살기로 마치 육탄전을 보는 듯했다. 그래서 세계에서 유일하게 분단국가로 남아 있는 남북 스포츠 대결은 언제나 피를 말렸다. 이 경기에서 패한다는 것은 마치 전쟁에서 패한 듯 국민(인민)들에게 큰 상처를 준다고 생각했고, 반대로 이기면 온 국민(인민)들에게 승전보를 전할 수 있다고 여겼기 때문이다.

올림픽이나 월드컵 또는 아시안게임 같은 메가 스포츠 제전이 남북 대결의 주된 무대였다.

북한의 NOC가 IOC의 승인을 받지 못했기 때문에 1948년 생모리츠 동계올림픽부터 1960년 로마 하계올림픽까지 남한만 올림픽에 출전했었다. 그러다가 IOC가 남과 북이 단일 국가가 아니라 별개의 나라로 존재한다는 현실을 인정해 1963년 10월, 독일

바덴바덴에서 열린 제61차 총회에서 북한의 IOC 가입을 승인했다. 그로부터 올림픽(과 아시안게임)에서 남북대결이 치열하게 전개되기 시작했다.

북한은 1964년 인스부르크 동계올림픽에 첫 출전하여 여자 스피드스케이팅 3000$m$에서 한필화 선수가 구소련의 스코블리코바 선수에 이어 은메달을 따내며 세계를 깜짝 놀라게 했다. 한필화 선수의 메달은 동계올림픽에서 남북한을 통틀어 첫 메달이었다. 올림픽 대회에서 북한이 남한에 앞서 나간 것이다.

인스부르크 동계올림픽 이후 북한은 국호 문제로 IOC와 실랑이를 벌이며 올림픽에 나오지 않다가 북한의 요구가 수용된 1972년 뮌헨 올림픽부터 다시 출전을 하게 되었다. 뮌헨 올림픽은 북한의 첫 하계올림픽 대회였는데, 여기서 북한은 50$m$소총 복사의 리호준 선수가 첫 금메달을 딴다.

뮌헨 올림픽에서는 남북한 간의 직접적인 대결도 펼쳐졌다. 여자배구 동메달 결정전에서 북한은 남한을 세트스코어 3대0(15:7, 15:9, 15:9)으로 꺾고 동메달을 따냈다. 남북한을 통틀어 올림픽 구기종목 최초의 메달이었다. 복싱 라이트 플라이급 맞대결에서도 북한의 김우길 선수가 남한의 이석운 선수에게 4대1 판정승을 거둬(김우길 선수는 그 뒤 은메달까지 획득했다), 올림픽 첫 남북한 맞대결 성적은 북한의 2전 전승이었다. 종합 성적으로도 북한은 22위인 데 반해, 남한은 34위에 그쳤다.

이렇게 뮌헨 올림픽에서 북한에 뒤지는 성적을 거두자 당시 박정희 대통령은 분노하며 대책 마련을 지시하고, 엘리트 스포츠에 대한 지원을 강화한다. 그래서 지금은 논란이 되기도 하는 올림픽 메달리스트에 대한 병역면제 혜택이나 연금 지급 규정이 1973년에 제정되었다.

남한의 올림픽 첫 금메달은 1976년 몬트리올 올림픽에서 레슬링 페더급의 양정모 선수가 획득했다. 그 대회에서 남한은 종합 19위(금 1개, 은 1개, 동 4개)에 오르며 남북한 통틀어 최초로 올림픽 20위 안에 드는 기록을 남겼다. 북한은 금 1개, 은 1개로 23위였다.

1980년대는 동서 냉전이 극에 달했기 때문에 1980년 모스크바 올림픽은 한국을 포함한 서방 국가들이 불참했고, 1984년 로스앤젤레스 올림픽은 북한을 포함한 동구권 국가들이 보이콧했다. 그리고 1988년 서울 올림픽은 8년 만에 동서가 모두 참가한 화합의 무대였지만 북한은 끝내 출전하지 않았다.

남북한은 1992년 바르셀로나 올림픽에서 1976년의 몬트리올 올림픽 이후 무려 16년 만에 만났다. 바르셀로나 올림픽에서는 16년 사이에 현격하게 벌어진 남북한의 국력(경제력) 차이만큼 스포츠에서도 실력 차이를 확인할 수 있었다. 한국은 황영조 선수의 남자 마라톤 금메달을 포함해 금 12개, 은 5개, 동 12개로 종합 7위를 차지했고, 북한은 금 4개, 동 5개로 종합 16위에 머무른 것이다. 그 이후는 동·하계 올림픽을 비롯해, 국제스포츠대회에서는 남한이 우세를 이어오고 있다.

　이렇게 한국이 북한에 앞서기 시작한 기점은 1970년대 중반 이후 엘리트 스포츠 지원을 위해 경기력향상연구연금을 도입하고, 스포츠의 과학화 그리고 프로스포츠가 활성화되면서였다. 북한 역시 올림픽이나 세계선수권대회 또는 아시안게임에서 메달을 따는 선수에게 인민체육인·공훈체육인 등의 칭호 등을 부여하며 많은 상금과 혜택으로 격려했지만, 국제대회 성적이란 그 나라의 경제력과도 밀접한 관계가 있기 때문에 남한이 경제적으로 북한을 추월하면서 스포츠 성적도 역전되기 시작한 것이다.

# 남과 북,
# 누가 더 축구를 잘하나

남북한이 단일 종목으로 가장 많이 맞대결을 벌인 것은 남자축구였다. 축구는 남과 북 모두에서 국민들이 큰 관심을 가지고 있는 종목이다보니 남북 맞대결에는 항상 큰 관심이 쏠렸다. 과거 1970~1980년대에는 국가 차원에서도 체제 경쟁의 일환으로 인식하고, 축구 경기 승리에 목을 매달곤 했다.

남북한 국가대표 축구팀은 1978년 12월 20일 방콕아시안게임 축구 결승전에서 처음으로 맞붙었다. 이때는 0대0으로 비겨서 공동 금메달을 차지했다. 그 후 2년 만인 1980년 쿠웨이트에서 열린 아시안컵 준결승에서 다시 만났다. 남한은 패널티킥으로 먼저 한 골을 내줬지만, 정해원 선수가 후반 35분과 44분 두 골을 터트려 역전승을 거뒀다. 9년 후, 1989년 7월 중국에서 벌어진 남한·일본·중국·북한 4개국 대항전인 다이너스티컵에서 다시 맞붙었다. 남한은 북한을 1대0으로 물리쳤는데, 황보관 선수의 결승골을 끝까지 지켜낸 결과였다.

또한 1990년 싱가포르에서 열린 이탈리아 월드컵 아시아지역 최종예선에선 황선홍의 헤딩 결승골로 역시 남한이 북한에게 1대 0으로 이겼다. 같은해 10월에는 평양과 서울을 오가며 사상 최초로 남북 국가대표 친선경기(통일축구대회)가 벌어졌다. 결과는 평양에서는 북한이 2대1로 이겼고, 서울에서는 남한이 1대0으로 이겨 사이좋게 1승1패씩을 기록했다. 남북은 2년 후인 1992년 8월에 있었던 다이너스티컵에서 다시 1대1로 비겼고, 2005년 8월 전주에서 벌어진 동아시아선수권(동아시아컵)에서는 0대0 무승부를 기록했다.

남한과 북한이 월드컵 예선에서 맞붙은 것은 2009년 4월 서울에서 치러진 2010년 남아공 월드컵 최종예선이 마지막이었다. 이때는 남한이 1대0으로 승리했다.(그렇지만 최종적으로는 이 대회에서 남북 모두 월드컵 본선에 진출할 수 있었다. 남북이 모두 월드컵 본선에 나간 유일한 대회다.) 마지막 남북전은 2017년 12월 일본 도쿄에서 열린 동아시안컵 대회 경기였다. 비등한 대결 끝에 북한 리영철 선수의 자책골로 남한이 겨우 승리를 거두었다. 그리고 2022년 카타르 월드컵 2차예선에서 남한과 북한이 같은 조에 속하면서, 두 번의 남북전이 예정되어 있다. 특히 2019년 10월에 평양에서 첫번째 경기를 하는데, 이는 29년 만에 북한 지역에서 열리는 남북 축구 대결이라 큰 관심을 모으고 있다.(여기서는 남자축구 대표팀 경기만을 따진 것이다. 여자축구 대표팀은 2017년 평양에서 여자 아시안컵 예선전을 치렀다.)

앞에서 보았듯이 남북 축구 대결은 남한이 압도적인 우위를 보이고 있다. 총 7승8무1패로 남한이 북한에 당한 유일한 패배는 1990년 10월 11일 평양에서 있었던 통일축구대회(1대2)였다. 그러나 공식 경기에서는 남한이 북한에 아직 한 번도 패하지 않았다.

남북 축구 대결 역사에서 미스터리로 남아 있는 경기가 하나 있다. 1994년 미국 월드컵 아시아지역 최종예선에서 두 팀이 붙은 경기다. 아시아지역에 배정된 티켓은 단 2장이었다. 최종예선에서는 남한·북한·일본·이란·이라크·사우디아라비아 등 6팀이 참가하고 있었는데, 각 팀이 한 경기씩을 남겨두고 있는 상황에서 일본이 2승1무1패 승점 7점으로 선두, 1승3무 승점 6점의 사우디아라비아가 2위를 달리고 있었다. 남한은 1승2무1패 승점 5점으로 3위로 밀려 월드컵 본선 진출이 사실상 어려워 보였다. 그 밖에 북한·이라크·이란은 이미 탈락이 확정된 상태였다. 한국은 남한과의 마지막 경기에서 무조건 큰 점수차로 이기고, 일본과 사우디아라비아가 패하거나 비겨야 본선에 진출할 가능성이 있었다.

세 나라의 경기는 카타르 도하에서 같은 날 같은 시간에 벌어졌다. 남한은 최선을 다하지 않은 것으로 보이는 북한을 3대0으로 완파했다. 그리고 사우디아라비아는 이란을 4대3으로 물리치고 1위를 확정지었다. 이제 이라크가 일본에 비기거나 이겨야만 본선

4장 대결과 교류를 이어온 남북 스포츠

에 진출할 수 있었다. 그런데 경기종료 직전까지 일본이 한 골 앞서 있다는 소식이 전해졌다. 남한 선수들은 북한을 3대0으로 이기고도 고개를 떨군 채 라커룸으로 걸어가고 있었다. 그런데 남한 팀 응원석에서 커다란 함성이 일었다. 이라크가 마지막에 한 골을 넣어서 2대2로 비겼다는 급보가 날아온 것이다. 남한과 일본의 최종 성적은 2승2무1패로 동률이었지만, 남한이 득실차에서 2점이 앞서 본선 진출권을 획득했다. 그야말로 기사회생이었다.

당시의 상황은 지금까지도 '도하의 기적'(일본으로선 월드컵 첫 진출이 막혀 '도하의 비극')으로 전해져오고 있다. 일본과의 경기에서 극적으로 동점골을 넣은 이라크의 움란 자파르 선수는 후에 '한국 축구의 은인'으로 한국에 초청을 받아 후한 대접을 받기도 했다.

남북 축구는 실력 차이가 나더라도 라이벌 의식이 있어서 거의 모두 한 골 차 승부가 나는 편인데, 앞서 '도하의 기적(3대0)'에서는 3골이나 차이가 난 탓에 북한이 최선을 다하지 않았으리라 추측하고 있다. 또한 당시 북한 감독이 경기에 앞서 기자들에게 "기왕이면 우리 동포가 (월드컵) 본선에 나가는 거이 좋지 않갔습네까"라고 말했다는 사실이 후에 알려졌다.

# 북한이 만들어준(?) 중앙정보부 축구단

양지축구단은 한국과 북한이 맹렬히 체제 경쟁을 벌이며 첨예하게 대립하던 시기를 상징적으로 보여주는 경우다.

1966년 영국 월드컵은 여러모로 의미가 있었다. 한국은 아시아·아프리카·오세아니아 주 예선에서 드러난 북한의 막강한 전력에 지레 겁을 먹고 출전조차 하지 않았다. 북한은 그 대회에서 아시아·오세아니아·아프리카 세 대륙을 대표해서 출전하여 8강까지 오르며 기세를 떨쳤다.

이런 북한의 선전을 부러움 반 시샘 반의 시선으로 바라보고 있던 한국은 당시 '나는 새도 떨어뜨린다'는 중앙정보부 산하에 축구팀을 창설하기에 이른다. 중앙정보부의 슬로건은 '음지에서 일하고 양지를 지향한다'인데, 바로 거기서 '양지'라는 축구팀 이름이 만들어졌다.

당시 국무총리와 국회의장을 제쳐놓고 박정희 대통령 다음으로 권력서열 2위였던 중앙정보부의 김형욱 부장이 직접 창단작업을 벌였다. 양지축구단은 북한 축구팀이 세계의 이목을 받은 지 불과 8개월 만인 1967년 3월에 창단되었고, 선수들의 숙소도 중앙정보부 본부가 있던 동대문구 이문동에 마련됐다. 당시 중앙정보부 청사는 국내 정보를 전담하는 남산 청사와 해외 정보를 전담하는 이문동 청사로 이원화되어 있었다.

양지축구단은 육군축구단, 공군축구단, 해군축구단 그리고 해병대축구단 소속의 선수들뿐만 아니라 군 입대연령에 속해 있는 스무 살 안팎의 유망주들을 모두 끌어들였다. 초대 감독은 2002년 월드컵 스타 안정환 선수 뺨치게 미남 소리를 들었던 최정민 씨였다.(그는 1956년 제1회 홍콩 아시아축구선수권대회, 1960년 제2회 한국 아시아축구선수권대회에서 한국이 2연패를 차지하는 데 결정적인 역할을 한 당대 최고의 공격수였다.)

당시 양지팀의 선수 구성을 보면 국가대표팀이나 마찬가지였다. 창단 당시 선수단은 총 25명으로 골키퍼는 '아시아의 구두쇠' 이세연과 오윤복 등 3명, 수비수는 지금도 역대 최고의 수비수라는 평가를 받고 있는 김호를 비롯해 김정남·서윤찬 등 4명, 미드필더로는 허윤정·박수일·최재모·김삼락 등 10명 그리고 아시아 최고의 공격수인 이회택과 정병탁·이이우·임국찬 등 8명이 있었다.

양지팀에는 자발적으로 들어온 선수도 있었지만, 사실상 억지로 끌려온 선수들도 많았다. 대표적인 선수가 이회택인데, 당시 동북고를 졸업하고 연세대에 입학하려다가 지프차로 납치되다시피 이문동으로 끌려와서 양지팀 선수가 되었다. 이회택은 양지팀 안에서 육·해·공군팀 가운데 가장 복무기간이 짧은 해병대 소속으로 뛰었다.

양지축구단 소속의 선수들에게는 당시 3급 공무원 봉급에 준하는 매월 2만 5000원의 봉급이 주어졌고, 이회택의 경우에서 알 수 있듯이 양지팀 소속기간을 군복무기간으로 쳐주기 때문에 군 문제도 자연스럽게 해결되었다. 그리고 당시만 해도 국내에서는 드문 천연 잔디구장인 이문동 축구장을 훈련에 마음대로 사용할 수 있었다. 국가대표팀도 이문동 잔디구장을 이용하려면 중앙정보부의 허락을 받아야 하는데, 양지팀에겐 홈구장이나 다름없었다. 대신 선수들에게는 수시로 "까라면 깐다" "승리를 위해 죽으라면 죽는다"며 군인정신이 강조되었음은 물론이다.

양지팀은 창단 이듬해 국내 최고 권위의 축구대회인 대통령배 축구대회에서 우승을 차지했다. 창단 2년째인 1969년, 당시로는 매우 이례적으로 유럽 전지훈련까지 떠나는데 그 기간이 무려 105일이었다. 거기서 훈련만 한 것이 아니라 유럽 현지팀들과 연습경기도 치렀다. 서독·프랑스·스위스·오스트리아·그리스를 거치며 총 26전 18승2무6패의 비교적 좋은 성적을 거두었다.

양지팀은 '아시아 챔피언 클럽 토너먼트'에도 출전했는데, 호주·이스라엘·유고 등도 참가하고 있었다. 여기서 결승전까지 오른 양지팀은 이스라엘의 마카비 텔아브비팀에게 0대1로 패해 준우승을 차지했다. 한국팀이 아시아축구연맹AFC이 주관하는 클럽 대항전에서 입상한 건 그때가 처음이었다.

북한팀을 이기기 위해 창단된 양지팀, 그러나 아이러니하게도 끝내 북한과의 경기는 이뤄지지 않았다. 당시 일시적으로 남북 화해 무드가 조성되기도 한데다, 보다 큰 이유는 양지팀의 후원자인 김형욱이 대통령의 눈 밖에 나면서 중앙권력에서 멀어졌기 때문이었다. 다만 또 하나의 중요한 라이벌전인 일본전은 치렀다. 1969년 10월 서울에서 1970년 멕시코 월드컵 아시아지역 예선이 치러졌다. 한국 축구 최정예였던 양지팀 멤버가 그대로 국가대표가 되어 출전했다.

한국은 일본 및 호주와 같은 조에 속했다. 10월 12일 벌어진 일본과의 1차전은 2대2로 비겼고, 14일 열린 호주와의 1차전은 1대2로 패배했다. 성적이 신통치 않자 일본과의 2차전 경기 전날 김형욱이 양지팀 숙소를 방문했다. 선수들에게 "뭘 해주면 일본을 이길 수 있겠나?" 묻자 대표팀 막내였던 이회택 선수가 "격려금을 주시면 좋겠습니다"고 답했다고 한다. 김형욱은 흔쾌히 선수단에 격려금 봉투를 안기고 갔다. 그것이 효과가 있었는지 10월 18일 서울운동장에서 일본에 2대0으로 이기는 쾌거를 거둔다. 2만 5000여 관중들은 열광했다.

그러나 그것이 양지팀으로선 마지막 영광의 순간이었다. 이틀 뒤인 10월 20일 김형욱 중앙정보부장이 자리에서 물러나면서 양지팀도 활동을 멈췄고, 창단 3년 만인 1970년 3월 17일 해체되며 역사 속으로 사라졌다.

# 북한과 맞붙기를 피한
# 한국 축구대표팀

1974년 테헤란 아시안게임은 북한이 본격적으로 국제무대에 나서기 시작한 1972년 뮌헨 올림픽 이후 두번째 맞는 국제스포츠 제전이었다. 뮌헨 올림픽과 마찬가지로 테헤란 아시안게임에서도 남북 대결은 피할 수 없었다. 특히 다른 종목은 다 져도 축구만은 절대로 질 수 없다는 것이 양측 모두의 정서였다.

한국 축구는 1970년 방콕 아시안게임에서 금메달을 땄으니 '타이틀 방어'에 나선 셈이고, 북한은 1966년 영국 월드컵 8강이었다는 자신감에다 당시의 멤버들이 4~5명이나 남아 있었고, 1974년 한 해 동안 일본 원정 4경기와 태국 등 동남아 원정 4경기에서 전승을 거둔 상태였다.

남북은 서로 결승전에서는 어쩔 수 없이 맞붙는다고 하더라도 그전까지는 만나는 것을 꺼려하는 분위기였다. 남한과 북한은 A조와 B조로 나뉘어서 조별 리그(총 4개조로, 각 조 1, 2위가 2차 리그에 진출)에서는 만나지 않았다. 남한은 A조 첫 경기에서 태국을 꺾었다. 그리고 북한은 첫 경기에서 중국에게 이겼지만, 2차전에서 이라크에게 져서 1승1패의 2위로 2차 리그에 올랐다.

이제 남한이 선택할 순간이 왔다. 한국이 조 예선 두번째 경기인 쿠웨이트에게 이기면 A조 1위가 돼서 B조 2위 북한과 2차 리그에서 같은 조에 속하게 되고, 만약에 쿠웨이트에게 패하면 한국과 북한 모두 조 2위가 돼서 다른 조에 들어가 만나지 않게 됐다.(2차 리그는 8팀이 두 개로 나뉘어 각 조 1위는 금메달과 은메달을 가르는 결승전에 진출하고, 2위는 동메달 결정전에 진출했다.)

당시 객관적인 전력은 한국이 쿠웨이트에게 2골 이상 앞선다는 평가였다. 그러나 경기 당일 국내외 축구인들 사이에 '한국팀이 쿠웨이트에게 패하기로 했다'는 소문이 나돌더니 정말로 0대4로 대패했다. 한국팀의 이 '고의 패배'는 이른바 '주요기관'에서 지시가 내려온 것으로 알려졌다.

결국 한국은 2차 리그 첫 경기에서도 이란에게 패하고, 이어 이라크와 비겨 1무1패로 결승 진출에 실패하고 말았다. 이제 마지막 말레이시아와의 경기만을 남겨 놓았는데, 말레이시아에 패하면 메달권에서 멀어지고, 이기면 동메달 결정전에 나서게 된다. 그런데 북한이 2차 리그 2위로 동메달 결정전에 선착했다. 그러자 한국은 북한과 동메달 결정전에서 만나지 않기 위해서 한 수 아래 말레이시아에 2대3으로 패하는 쪽을 택했다. 이번에도 역시 '주요

기관'에서 경기 결과에 대해 구체적인 지시가 내려온 것으로 알려져 있다.

그런데 그렇게도 두려워했던 북한 축구가 동메달 결정전에서 말레이시아에게 1대2로 패했다. 1966년 영국 월드컵 8강(자라) 보고 놀란 한국 축구가 1974년 테헤란 아시안게임에 출전한 약해진 북한 축구(솥뚜껑) 보고 놀란 셈이었다.

# 통일농구대회와
# 통일축구대회

 

 

 

남과 북의 통일농구대회는 현대그룹과 조선아시아태평양평화위원회의 민간교류 차원에서 진행된 스포츠 행사였다. 이 대회는 1998년 현대그룹 정주영 회장이 소떼를 몰고 방북한 것이 계기가 되어 성사되었다. 1991년 지바 세계탁구선수권대회과 포르투갈 세계청소년축구선수권대회의 남북 단일팀 이후 단절되었던 남북 스포츠 교류에 이 통일농구대회가 새로운 물꼬를 텄다.

1, 2차 통일농구대회는 1999년 9월과 12월 평양과 서울을 오가며 열렸다. 남측 방문단은 서해 직항로로 군수송기 C-130을 타고 평양 순안공항에 도착했다. 당시 북한에 대해 국제 제재가 이뤄지던 시기여서 민간 항공기를 띄울 수가 없어 할 수 없이 군 수송기를 이용했다. 6·25전쟁 이후 대한민국의 공군 소속 수송기가 처음으로 북한 땅을 밟았다는 점에서는 큰 의미가 있는 일이었다. 당시 평양 순안공항의 북측 관계자들도 대한민국 공군 마크를 붙

인 수송기가 도착한 모습에 적잖이 놀랐다고 한다.

경기는 현대 계열의 남녀 프로농구팀(남자는 현대 농구팀과 기아 농구팀의 연합팀, 여자는 현대산업개발 농구팀)이 각기 북한의 남녀팀(남자는 '벼락'팀, 여자는 '번개'팀)과 맞대결을 벌이는 식이었다. 그런 뒤 친선 차원에서 '단결팀'과 '단합팀'으로 남북 선수들이 섞인 혼성팀을 결성해 경기를 하기도 했다. 그러고 나서 3개월 후인 12월에는 북한 농구팀이 예술단과 함께 서울을 방문해서 남북 혼성팀 경기를 다시 가졌다.

이후로 한동안 대회가 열리지 못하다가, 4년 후 2003년 10월 평양의 류경정주영체육관 개관식을 계기로 통일농구대회가 다시 개최되었다. 남측 남자팀은 역시 현대 계열의 전주KCC를 주축으로 꾸려졌고, 여자팀은 현대산업개발 선수들을 주축으로 5개 구단 선수들이 함께했다. 그러나 이번 대회는 남북한이 서로 오가지 못하고 남측 선수단만의 한 차례 방북으로 끝나고 말았다.

그 후 남북관계가 경색되면서 남북간 통일농구대회는 중단되는 듯했다. 하지만 2007년의 남북정상회담 이후 11년 만에 성사된 문재인 대통령과 북한 김정은 국무위원장 간의 정상회담으로 통일농구의 마당이 다시 만들어졌다.

이전까지 남북정상회담은 모두 평양에서 열렸지만, 2018년 문·김 정상회담은 처음으로 판문점 남쪽 평화의집에서 열렸다. '판문점 선언'으로 마무리된 회담 결과도 남북한 당사자들은 물론

이를 바라보는 세계의 시선도 호의적이었다. 그 연장선에서 2018년 6월 18일 남북체육회담이 열렸고, 여기서 남북은 당장 7월 4일 평양에서 4차 통일농구대회를 재개하기로 합의했다. 가을에는 서울에서 5차 대회를 치르는 것도 결정했다.

이 합의에 따라 경기는 7월 4~5일 이틀간 평양 류경정주영체육관에서 열렸다. 남한 선수단과 정부 대표단은 이번에도 북한에 대한 국제 제재 때문에 군수송기를 타야 했다.

첫날엔 남북 혼성팀 경기, 다음날엔 친선경기 등 이틀간 총 4차례의 경기가 이뤄졌다. 7월 4일 여자, 남자 남북 혼성팀 경기가 차례로 진행됐는데, 남북 선수들이 어우러져 '평화팀'과 '번영팀'을 구성해 경기를 치렀다. 여자부는 이문규 감독과 정성심 코치가 번영팀을, 장명진 감독과 하숙례 코치가 평화팀을 맡아 103대102으로 번영팀의 승리로 끝났다. 남자부는 허재 감독과 안용빈 코치가 평화팀을, 리덕철 감독과 김상식 코치가 번영팀을 맡아 102대102의 무승부를 이뤘다. 7월 5일엔 남과 북이 청팀과 홍팀으로 나뉘어 친선 경기를 펼쳤는데 그 역시 여자경기, 남자경기 순서로 진행됐다. 이날 친선 여자경기에서는 남한이 북한에 81대74로 승리했고, 남자경기에서는 북한이 남한에 82대70으로 이겼다.

이로써 남북통일농구대회는 1999년부터 2018년까지 총 네 차례 열렸는데, 여자농구에서는 남한팀이 3승1패로 우위이며, 남자농구에서는 남한팀이 4전 전패를 기록하고 있다.(2018년 가을에 서

4장 대결과 교류를 이어온 남북 스포츠

2018년 평양에서 열린 통일농구대회. 이번 대회는 농구광인 김정은 위원장의 제안으로 논의가 시작되었다. 김정은은 남한 선수들을 소개할 때는 남한 음악을 틀라고 지시하는 등 대회 운영에 각별한 관심을 보였다고 한다.(사진=연합뉴스)

울에서 하기로 한 5차 대회는 열리지 않았다.)

한편, 첫 통일축구대회는 1990년 10월 11일과 23일 두 차례에 걸쳐 남북 대표팀이 서울과 평양을 오가며 개최되었다. 북경 아시안게임 기간 중인 9월 29일 남한의 장충식 선수단장과 북한의 김형진 선수단장이 공동기자회견을 갖고 '남북 또는 북남통일축구대회'를 갖기로 발표했던 것이다. 양측은 각각 4박5일 동안 평양과 서울을 상호 방문하여 축구경기를 갖되 유니폼에는 국가 표시를 하지 않으며, 방문기간 동안 상대방에 대한 신분보장 등을 약속했다.

처음에는 남녀 모두 경기를 갖기로 했으나 나중에 여자는 합동 훈련만 하는 것으로 바뀌었다. 그에 따라 남한은 이재명 단장과 박종환 감독, 북한은 김유순을 총 단장으로 하여 각각 대표팀을 구성했다. 1차전은 1990년 10월 1일 오후 3시에 평양의 능라도 5·1 경기장에서 15만 명에 이르는 관중이 운집한 가운데 열렸다. 남한 선수들은 분단 이후 최초로 북한에서 뛴다는 사실만으로도 긴장되기 이루 말할 수 없었는데, 엄청난 수의 북한 관중에 더욱 압도되었다고 한다.

그렇지만 기본 경기력은 남한이 역시 한 수 위였다. 당시 남한은 1986년 멕시코 월드컵 본선에 32년 만에 진출했고, 1986년 아시안게임에서 우승하고, 1990년 이탈리아 월드컵 본선에도 진출하는 등 아시아 최강의 전력을 보유하고 있었다. 반면 북한은 세계 축구의 변방에 머물러 있었다. 선제골도 남한이 넣었다. 긴 머리에 거친 플레이로 야생마라는 별명을 가지고 있던 김주성 선수가 전반 25분에 북한 골대의 그물을 뒤흔들었다.

하지만 선제골 이후 남한팀은 더 몰아붙이지 않았다. 승패를 가리는 것이 이 통일축구대회의 목적이 아니었기 때문이다. 선제골의 주인공인 김주성은 "화해 분위기를 고려해 내가 전반 25분 선제골을 넣은 후에는 사실상 골문을 열어줬다"고 이야기한다. 결국 경기는 북한이 후반에 두 골을 넣어 2대1 북한의 승리로 끝난다. 김주성은 "주심은 북한 심판이었고, 1대1이던 후반 막판에는 북한이 골을 넣을 때까지 추가 시간을 7~8분 이어갔다"면서 "결국 북한이 페널티킥을 얻어 결승골을 넣으면서 경기가 끝났다. 사실상 각본이 없었을 뿐 패배는 연출한 것이나 다름없었다"고 이야기했다.

그런데 북한 측 역시 오히려 북한의 승리보다 무승부를 더 바랐던 것인지, 결승골에 대한 관중의 호응이 그리 크지 않았다고 한다. 당시 경기를 보도한 『동아일보』에 따르면, 경기장을 빠져나가던 한 평양 시민은 볼멘소리로 '개운치가 않다'고 했으며, 김형진 북한 체육지도위원회 부위원장도 '무승부가 훨씬 좋은 것'이라며 아쉬움을 표시했다.

경기장 밖에서 남과 북은 화기애애하게 어울렸던 것 같다. 당시에 선수로 뛰었던 윤덕여 여자축구 대표팀 감독은 2017년 평양에서 북한 여자축구 대표팀과의 경기를 했을 때는 북한 측의 태도가 냉랭했다면서, "27년 전 통일축구 때는 서로 만나서 만찬도 하고 〈우리의 소원은 통일〉 〈고향의 봄〉도 불렀다. 함께 옥류관에도 갔었는데…"라며 아쉬워했다.

통일축구대회 2차전은 같은해 10월 23일 서울의 올림픽 주경기장에서 열려 남한이 1대0으로 이김으로써 남북이 약속이라도 한 듯 1승1패를 기록했다.

그 후 2000년 남북장관급회담에서 경평축구대회 정례화에 대해 합의가 이뤄지기도 했으나 경기는 열리지 않았다. 그러다 드디

서울에서 열린 통일축구대회 경기를 마치고 함께 그라운드를 돌며 관중들에게 화답하는 남북 선수들. 이처럼 스포츠에는 때론 승패보다도 만남이 더 중요한 경우도 있다.

어 12년 만인 2002년 9월 7일 남북통일축구대회가 서울 상암동 월드컵경기장에서 다시 열렸다. 이날 경기는 0대0으로 비겼다. 그리고 광복 60주년 하루 전날인 2005년 8월 14일 월드컵경기장에서 네번째 남북통일축구대회가 열려 남한이 3대0으로 승리했다. 이때는 여자축구도 친선전을 가졌는데, 여기서는 북한 팀이 2대0으로 승리했다.

4장 대결과 교류를 이어온 남북 스포츠

# 남북,
## 스포츠로 만나다

    남북 스포츠 교류는 사실 북한의 제의로 처음 시작되었다. 북한이 지난 1957년 12월 18일 1960년 로마올림픽 단일팀 구성을 위한 회담을 제의한 것이 최초였다. 당시 북한 올림픽위원회 홍명희 위원장이 회담을 제의하는 대남서한을 보내왔다. '1국가 1NOC' 원칙으로 인해 북한 올림픽위원회는 IOC에 인정받지 못했고, 따라서 올림픽에도 참가할 수 없는 상태였다. 북한이 올림픽에 나가기 위해서는 남한과 단일팀을 구성하는 수밖에 없었던 것이다. 하지만 당시 남한은 이 제안을 거부했다.

    이후에도 남북한은 크고 작은 대회가 있을 때마다 단일팀 구성을 위한 제의와 거부를 거듭했다. 1963년 1월 스위스 로잔 IOC 본부에서 열린 제59회 IOC 총회에서는 동서독 단일팀의 전례에 따라 1964년 도쿄 올림픽에서 남북 단일팀을 이룰 것을 권고하는 안건이 통과되었다. 사실 IOC는 1956년 코르티나담페초 동계올림픽과 멜버른 하계올림픽, 1960년 스쿼벨리 동계올림픽과 로마 하계올림픽 그리고 1964년 인스부르크 동계올림픽과 도쿄 하계올림픽까지 동·서독 올림픽 단일팀을 성사시켰다. 따라서 남·북한도 같은 방식을 적용해서 올림픽에 단일팀을 구성해 출전하도록 종용한 것이다.

이에 남과 북의 올림픽 관계자들이 1963년 1월 스위스 로잔에 있는 IOC 본부에서 오토 마이어 사무총장의 사회로 단일팀 구성을 심도 있게 논의했다. 당시 남북은 국가 대신 〈아리랑〉을 사용하고, 국기 대신 오륜마크 위에 KOREA를 넣은 깃발을 쓴다는 두 가지 사항을 결정하고 더 구체적인 것은 7월에 만나 최종 합의를 하기로 했다. 하지만 그 후 만남 자체가 무산됨으로써 단일팀은 물거품이 되고 말았다.

1979년 평양에서 벌어진 제35회 세계탁구선수권대회를 앞두고도 같은해 2월과 3월 판문점에서 네 차례나 단일팀 구성을 위한 회담이 개최되었다. 하지만 역시 단일팀은 이루어지지 않았다.

1984년 로스앤젤레스 올림픽에 단일팀으로 출전하는 문제를 논의하기 위하여 1984년 4월과 5월 판문점에서 세 차례 회담이 열렸으며, 1988년 서울 올림픽을 앞두고는 '공동개최' 문제를 논의하기 위해 IOC 중재하에 1985년 10월부터 1987년 7월까지 스위스 로잔에서 5번이나 회담이 개최되기도 했다. 하지만 단일팀 구성은 그때까지는 시기상조였던 것 같다.

그러다가 1990년 베이징 아시안게임을 앞두고 남북 공동응원단 구성 합의를 계기로 체육 분야 교류협력이 급물살을 타기 시작했다. 1990년 9월 베이징 아시안게임에 참가한 남북한 선수단장은 '남북통일축구대회' 개최에 전격 합의했다. 1988년 노태우 정부가 남북간의 교류를 적극 추진한다고 발표한 '7·7선언'의 영향 때문이었다. 당시 남한이 먼저 북한에게 친선교류경기를 제안했고, 북한은 이를 받아들였다.

그리고 드디어 1990년 10월 11일 평양 5·1경기장(능라도 경기장)에서 역사적인 통일축구대회 1차전이 열렸다. 여기서는 북한팀이 2대1로 이겼다. 당시 언론들은 "태클을 하다가도 행여 상대가 다칠세라 나가던 발을 거둬들이는 보기 좋은 모습이 연출됐다"고 쓰기도 했다. 또한 당시 이탈리아 월드컵 대표팀 이회택 감독이 고문 자격으로 동행해 북한에 있던 아버지 이용진을 만나기도 했다. 남북간 축구 경기 덕분에 이산가족 상봉이 이뤄진 셈이었다. 10월 23일 잠실 올림픽주경기장에서 열린 2차전에선 남한이 1대0으로 이겼다. 당시 한 신문사는 '남북이 사이좋게 1승 1패'씩을 나눠가졌다고 보도했다.

평양과 서울을 오가며 친선 축구경기를 한 이후 1991년 2월 열린 남북 체육회담은 과거 그 어느 회담보다 분위기가 좋았다. 그리고 그런 분위기를 이어가 1991년 일본 지바 세계탁구선수권대회와 1991년 포르투갈 세계청소년축구대회에 단일팀 '코리아'를 구성해 참가하기로 합의하는 데 이르렀다. 그리고 모두가 잘 알고 있는 것처럼 지바 세계탁구선수권대회에서는 남의 현정화와 북의 리분희 선수가 주축이 된 단일팀이 세계 최강 중국을 물리치고 여자단체전에서 대망의 금메달을 차지하는 쾌거를 올렸다. 지금도 많은 이들이 그때의 감동을 기억하고 있을 것이다. 또한 포르투갈 세계청소년축구선수권대회에서도 남북 단일팀이 8강에 오르는 기대 이상의 성적을 올렸다.

그러나 1991년 7월 스페인 바르셀로나에서 열린 세계유도선수권대회에 참가한 북한 이창수 선수의 망명으로 남북 스포츠 교류협력은 전면 중단되고 말았다.

그 후 무려 8년 동안 단절됐던 남북 스포츠 교류는 1999년 8월 평양에서 열린 민간 차원의 '남북노동자축구대회'를 계기로 다시 분위기가 살아났다. 그리고 대북 경협 사업과 연계해 같은 해 9월과 12월에 각각 평양과 서울에서 열린 통일농구대회는 통일축구대회 이상으로 남북의 스포츠 교류에 획기적인 전환점이 되었다.

스포츠를 통한 남북 화해와 협력을 가장 상징적으로 보여준 것은 올림픽 개·폐막식에서의 공동 입장이라 할 수 있을 것이다. 2000년 시드니 올림픽 개막식 남북한 공동입장은 남북한뿐만 아니라 전세계에 큰 감동을 주었다. 남북한 선수단 각각 90명씩 180명이 한반도기를 앞세우고 입장하자 올림픽 스타디움에 모여 있었던 12만여 명의 관중들은 기립하여 박수를 치며 크게 환영했다.

2002년 5월 당시 한국미래연합 박근혜 대표가 북한을 방문했다. 박 대표는 김정일 위원장과의 면담에서 북한 축구 국가대표팀 초청을 제의하고, 김정일 위원장은 이를 수용했다. 이로써 12년 만에 열린 남북 축구 대결은 0대0 무승부로 끝났다.

북한은 그해 9월 29일부터 10월 14일까지 부산에서 열린 아시안게임에 316명의 선수단과 280명의 응원단을 파견했다. 당시 북한은 용모가 뛰어난 여성들을 응원단으로 보내 '미녀 응원단'이 화제가 되기도 했다. 북한이 남한에서 개최된 국제대회에 응원단을 파견한 것은 2002년 부산 아시안게임(288명), 2003년 대구 하계유니버시아드(303명), 2005년 인천 아시아육상경기선수권대회 (124명), 2016년 평창 동계올림픽(229명) 등 모두 네 차례다. 인천 아시아육상경기선수권대회 응원단 124명 중 지금의 김정은 위원장의 아내인 리설주가 당시 예능 인재 양성기관인 '금성학원'학생으로 참가한 사실이 뒤늦게 확인되기도 했다.

북한의 미래 '퍼스트레이디'가 포함된 것을 보면, 북한의 응원단 선발 기준이 매우 엄격함을 짐작할 수 있다. 북한은 출신 성분, 미모와 가무, 충성심 등의 기준을 적용해 남한에 파견하는 응원단을 세심히 선발하는 것으로 알려졌다.

2005년 7월에는 북한을 방문한 현대그룹 현정은 회장이 김정일 위원장과 만나서 8·15 광복절을 계기로 남북 축구경기를 열자는 정부의 의사를 전달했다. 북한이 이를 받아들이면서, 광복 60주

평창 동계올림픽을 맞아 파견된 북한 응원단이 쇼트트랙 남자 500m 준결승에서 남한 선수들을 응원하고 있다. 이들은 북한 선수를 응원할 때는 인공기를 들었지만, 남한 선수들을 응원할 때는 한반도기를 들고 응원함으로써 같은 민족으로서의 정을 보여주었다.(사진=연합뉴스)

년을 맞아 남과 북이 함께 '8·15 민족대축전'을 열기로 합의했다. 그해 8월 4일 '8·15 민족대축전' 개막식에 맞춰 상암동 월드컵 경기장에서 열린 남자팀 경기는 남한이 3대0으로 이겼다. 8월 16일 폐막식에 맞춰 일산 종합경기장에서 열린 여자팀 경기는 북한이 2

대0으로 이겨 역시 여자축구는 북한이 강하다는 것을 입증했다.

이처럼 남북은 친선 경기와 국제대회 공동입장 및 단일팀 구성으로 스포츠를 통한 교류를 꾸준히 이어왔다. 2015년 광주 하계유니버시아드대회에 북한 선수단 불참 이후 또다시 잠시 끊어지기도 했지만, 2018년 평창 동계올림픽에 전격 참가함으로써 남북 단일팀을 이루며 다시 이어지고 있다. 남북한 스포츠 교류는 이렇게 항상 정치와 이념보다 앞서면서, 두 나라의 만남을 이끌어왔다.

5장

# 남북
# 단일팀의
# 역사

# 1+1은 2가 아니라
# 10 아니 100

    2012년에 개봉한 하지원·배두나 주연의 영화 〈코리아〉로 만들어져 더욱 유명해진 '1991년 지바 세계탁구선수권대회' 남북 단일팀 이야기는 남북이 힘을 합치면 놀라운 성과를 낼 수 있다는 메시지를 우리에게 준다. 이 대회에서 남북단일팀은 세계 최강 중국을 이기고 여자 단체전 금메달을 차지한다. 이는 1+1이 시너지 효과를 내서 2가 아니라 3이나 4 또는 10까지 될 수 있었기 때문이다. 현정화-리분희의 복식조가 바로 그 증거였다. 현정화의 오른손 팬 홀드와 리분희의 왼손 세이크 핸드 조합으로 탁구에서 가장 이상적인 복식조가 만들어진 것이다. 또한 한국의 에이스 현정화가 천적인 중국의 세계랭킹 1위 덩야핑에게 한 번도 이기지 못하고 있었는데, 유순복이 덩야핑에게 강세를 보이고 있다는 점이었다. 만약 남북이 각각 따로 출전했었다면 남은 현정화가 덩야핑에, 북은 복식조에서 허점을 보여 결국 중국에게 단체전 우승컵을 넘겨주었을 것이다.

그렇다면 제41회 지바 세계탁구선수권대회에서 어떻게 남북 단일팀이 출전하게 되었을까?

1990년 10월 남북은 분단사상 처음으로 서울과 평양을 오가면서 통일축구대회를 개최하는 체육교류를 실시했다. 그 대회에서 고조된 남북 체육교류의 열망을 수렴하기 위해 1990년 11월 29일부터 1991년 2월 12일까지 남한 장충식 수석대표와 북한 김형진 단장을 대표로 4차례의 남북체육회담을 가진 결과 단일팀 구성에 합의했다. 그리고 2월 21일, 27일 2차에 걸친 실무위원회를 열어 세부사항들에 대해 구체적인 합의를 도출함으로써, 1963년 도쿄 올림픽 단일팀을 위한 협의 이래 최초의 결실을 보게 된 것이다.

그에 따라 정부는 1991년 3월 6일 대한탁구협회 최원석 회장을 협력사업자로 선정한 후 3월 19일 제12차 남북교류협력추진협의회를 개최하여 대한탁구협회가 신청한 남북단일팀 구성 및 참가를 협력사업으로 승인했다. 이로써 우리 선수단의 합동훈련 등 협력사업에 소요되는 경비 일부를 남북협력기금에서 지원하게 되었다.

국제탁구연맹ITTF도 파격적으로 지원해주었다. 원래 엔트리가 남녀 각각 5명씩인데 남북 단일팀은 예외적으로 2배나 되는 남녀 10명씩 한 팀을 이루도록 해준 것이다. 그러니까 남북단일팀으로 남북 국가대표에서 탈락한 선수가 한 명도 없게 되었고, 선수 구성을 다양하게 할 수 있었다.

남북 남녀 단일팀의 선수 구성은 '단일팀 추진기구'에서 맡았다. 당시 세계랭킹에 따라서 여자부는 현정화·홍차옥(남), 리분희·유순복(북), 남자부는 유남규·김택수(남), 김성희(북) 등 명실공히 남북을 대표하는 선수들이 한데 모였다.

비교적 일찍 합의를 봤기 때문에 단일팀은 훈련기간을 충분하게 확보할 수 있었다. 개최지인 일본의 지바, 나가오카, 나가노 등을 오가며 한 달 이상의 해외전지 훈련을 포함해서 46일 동안 합숙훈련을 했다. 처음에는 북측 코치들이 현정화에게 "네가 잘 해야 한다", 남측 코치들은 리분희에게 "네가 에이스 역할을 해주어야 한다"며 부담을 주기도 했다. 또한 남측 코칭 스텝은 남측 선수들에게 밤에 북측 선수들 방에 가지 말라고 지시를 했다. 북측에서도 마찬가지였다.

그러나 열흘 정도 지날 즈음에는 저녁을 먹은 후 남북 선수들이 한 방에서 시시콜콜 얘기를 나눴다. 자연스럽게 남자친구, 월급, 화장품 등 소소한 일상이 대화 주제에 오르기도 했다. 스물두 살의 현정화와 스물세 살로 한 살 더 많은 리분희는 마치 친자매처럼 가까워졌고, 훈련량이 늘어날수록 분위기가 좋아졌다. 현정화와 리분희가 짝을 이룬 복식조는 승승장구해 '환상의 복식조'라는 평가를 받았다.

남북단일팀 대 중국의 여자단체전 결승전에서, 1989년 도르트

문트 대회 우승팀이기도 한 중국은 덩야핑·치아홍·가오준의 트리오를 내세웠고, 도르트문트 대회 준우승(한국)과 5위(북한)가 뭉친 남북단일팀은 현정화·유순복 그리고 현정화·리분희 복식조를 출전시켰다. 북한의 에이스 리분희는 간염 때문에 체력이 떨어져 단식에는 출전하지 않고 복식에만 전념하기로 했고, 유순복이 대타로 뛰게 된 것이다.

그런데 그것이 오히려 전화위복轉禍爲福이 되었다. 유순복이 펄펄 난 것이다. 만약 리분희가 단식에 나섰다면 결과가 어떻게 되었을까?(리분희는 나중에 상태가 좋아져서 여자 단식 준우승을 차지했다.) 남북단일팀 대 중국팀과의 여자단체전 결승전 주인공은 단연 대타 유순복이었다. 유순복은 마치 '탁구기계'가 된 것처럼 엄청난 실력을 보여주었다.

유순복은 제1단식에서 세계랭킹 1위 덩야핑을 2대1로 눌렀다. 제2단식에서는 현정화가 가오준을 2대0으로 완파했다. 이제 복식에서만 이기면 대망의 우승컵을 들어올릴 수 있었다. 그러나 승승장구하던 현정화-리분희 조가 중국의 덩야핑-치아홍 조에 1대2로 패했다. 그래도 아직까지 2대1로 남북단일팀이 앞서서 한 번만 이기면 우승이었다. 이제 4번째 경기, 제3단식 대표로 결승전에 오르기까지 단식 14전 전승, 복식 8승1패로 무려 22승1패의 막강한 성적을 올리고 있던 현정화가 나섰고, 중국은 덩야핑을 내세웠다.

과연 덩야핑은 현정화의 천적이었다. 그전까지 펄펄 날던 현정

현정화-리분희 복식조의 경기 모습. 두 사람은 시합에서 최고의 호흡을 맞췄을 뿐 아니라 경기장 밖에서도 진한 우정을 나누었다. 1993년 세계선수권대회 이후 두 사람은 26년이 지난 지금까지 여러 사정으로 또다시 만남 기회를 갖지는 못하고 있다.(사진=연합뉴스)

화의 스매싱은 덩야핑에게 통하지 않아 0대2로 무릎을 꿇어야 했다.(현정화는 덩야핑에게 개인전 3전 전패고 단체전에서 만나서도 한 번을 이기지 못했다. 사실 1993년 예테보리 세계선수권대회 여자단식에서 현정화가 우승을 차지할 때도 덩야핑이 싱가포르로 귀화한 진중홍 선수에게 패해 예선에서 탈락한 덕을 봤다.)

　어쨌든 이제 게임스코어는 2대2. 남북단일팀의 운명은 제4단식 주자 유순복 어깨에 달려 있었다. 중국은 세계랭킹 15위 가오준을 내세웠다. 그러나 유순복은 제2단식에서 세계랭킹 1위 덩야 핑을 잡은 기세를 그대로 이어나가 가오준을 2대0으로 완파하고 4시간여의 사투를 승리로 장식했다.

중국은 1973년 사라예보 세계탁구선수권대회 여자단체전에서 이에리사·정현숙을 내세운 대한민국에 우승컵을 내어준 후 1975 년 캘커타 대회 이후 9연패를 노리다가 남북단일팀에 덜미를 잡히 고 만 것이다.

남북단일팀의 우승이 확정되자 윤상문 감독(남)과 이유성(남) 조남풍(북) 코치와 남북 10명의 선수가 껴안고 하나가 돼서 기쁨 을 만끽했다. 결승전이 벌어진 1991년 4월 29일은 일종의 '예비 통일'을 이룬 날이기도 했다.

지바 세계탁구선수권대회가 진행되는 동안 현정화와 리분희 못지않게 가까워진 사람들이 있었다. 바로 남북 코치 이유성, 조남 풍이었다. 두 사람들은 의형제를 맺었다. 또한 대회가 끝난 후 북 한의 남녀 주역인 리분희와 김성희는 결혼을 했다. 그런데 김성희 와 리분희 사이에 낳은 첫 아들이 소아마비를 앓았고, 그 때문인지 리분희는 북한에서 장애인체육협회 서기장을 맡고 있다.

# 남측 9명, 북측 9명이 뛴 청소년축구

남북한 남자축구가 FIFA가 주관하는 대회에서 좋은 성적을 거둔 경우는 많지 않다. 남한은 1983년 19세 이하 세계청소년축구선수권대회(나중에 FIFA U-20대회가 되었다)에서 4위, 2002년 한일 월드컵 4위 그리고 2010년 남아공 월드컵 16강 등이 최고 성적이었다. 북한은 1966년 영국 월드컵 8강이 최고 성적이었다.

1991년 포르투갈 세계청소년축구선수권대회는 남과 북이 하나가 돼서 출전한 매우 의미 있는 대회였다. 이 대회부터 연령제한이 19세에서 20세로 높아졌다.

포르투갈 세계청소년축구선수권대회는 6월 14일부터 30일까지 각 대륙 예선을 통과한 16개국이 리스본 등 5개 도시에서 32경기를 치러서 우승팀을 가렸다. 그해 4월, 남북단일팀이 세계탁구선수권대회 여자단체전에서 막강 중국을 꺾고 우승을 차지한 지 불과 두 달 만에 남북 청소년 축구 단일팀도 선을 보이게 됐다.

1991년 포르투갈 세계청소년축구대회에 아시아에서는 남북단일팀(코리아팀)과 시리아 2팀이 출전했다. 16개 팀을 4개 팀씩 4개 조로 나눈 가운데 코리아팀은 개최국 포르투갈과 아일랜드·아르헨티나와 A조에 속했다. 이번에는 북한의 안세욱 감독과 남한의 남대식 코치가 코칭 스텝을 이뤘다.

1년 전인 1990년 아시아청소년축구선수권대회 결승전에서 남한이 북한을 꺾고 우승을 차지했었기 때문에, 둘이 합치니 사실상 아시아 최강팀을 이룬 셈이다. 선수 구성은 18명 가운데 남과 북이 각각 9명씩이었으나, 남한은 노태경·이임생·강철·박철 등 주로 수비가 많았고, 북한은 최철·윤철·최영선·리창하 등 공격에 숫자가 많았다. 북한 선수들이 발이 빠르고 순발력이 좋고, 남한 선수들은 시야가 넓고 경험이 많은 것을 감안한 선발이었다.

코리아팀은 6월 15일 리스본의 이스타디우 다 루스 경기장에서 벌어진 아르헨티나와의 첫 경기에서 후반 43분에 조진호(남)가 얻은 프리킥을 최영선(북) 선수가 찼고, 이 볼이 수비수를 맞고 흘러 나오자 조인철(북) 선수가 달려들어 중거리 슛으로 골을 기록했다. 남과 북이 골을 합작한 장면이었으며, 그렇게 강호 아르헨티나를 이기는 이변을 연출했다.

경기가 끝난 후 조인철 선수는 언론과의 인터뷰에서 "우리 국가단의 축구선수들이 힘을 모아서 달리고 또 달렸기 때문에 이긴 것이지 내가 뭐 잘해서 넣은 것이 아니라고 생각합니다"라고 어른

포르투갈과의 경기가 끝나고 8강 진출을 기념하여 사진 촬영을 한 코리아팀. 이들은 서울과 평양을 오가는 훈련을 거치며 8강 진출이라는 뜻깊은 성과를 냈다.(사진=연합뉴스)

스럽게 말했다.

이틀 후인 6월 17일 역시 이스타다우 다 루스 경기장에서 벌어진 아일랜드와의 경기에서는 90분 동안 치열한 공방전을 편 끝에 경기 종료 직전 최철의 극적인 동점골로 1대1로 비겼다. 6월 20일 A조 예선 마지막 경기에서는 홈팀 포르투갈의 토흐스 선수에게 전반 43분 결승골을 얻어맞아 0대1로 패했지만, 1승1무1패 승점 4점으로 3전 전승을 올린 포르투갈에 이어 조 2위로 8강 토너먼트에 진출했다.

8강에서 만난 브라질은 호베르투 카를로스, 루이스 페르난두, 지오바니 에우베르 등 브라질 축구의 미래를 책임질 세계적인 유망주들이 포진해 있었다. 8강전은 6월 22일 포르투의 아우타디우 다스 안다스 구장에서 벌어졌다. 전반 15분 마르키뉴스 선수에게 선제골을 허용했지만 전반 40분 최철 선수가 한 골을 만회해 1대1 동점을 이루어 희망이 있었다. 그러나 동점골을 넣은 지 1분 만에 에우베르 선수에게 추가골을 허용, 1대2로 한 골 뒤진 채 전반전을 끝냈다. 그런데 후반 시작하자마자 2분경 자이르 선수에게 또 추가골을 허용했고, 8분 만에 자이르 선수가 또 달아나는 골을 터트려 3골 차로 멀어져갔다. 브라질은 후반 22분 에우베르 선수의 쐐기 골로 코리아팀 선수들의 사기는 땅에 떨어졌다.

코리아팀은 남과 북 선수들이 함께 훈련한 기간이 불과 한 달 정도에 불과했다. 더구나 남북한을 통틀어 가장 잘 하는 선수를 뽑은 게 아니라 기계적으로 남한 9명, 북한 9명을 선정해야 했고, 실제 경기에도 11명의 선발진을 남과 북이 각각 5~6명으로 꾸려야 하는 바람에 최상의 전력을 구축할 수가 없었다.

코리아팀은 그 대회에서 결승전에 오른 포르투갈과 브라질을 모두 상대해본 것으로 만족해야 했다.(루이스 피구, 후이 코스타 등 황금세대를 이룬 포르투갈은 결승전에서 브라질을 승부차기로 꺾고 우승을 차지했다.) 브라질전에 대패를 당해 4강 진출에 실패한 후 안세욱 감독은 "보다 오랜 기간 훈련을 했다면 선수들이 제 실력을 마음

껏 발휘할 수 있었을 텐데 훈련 기간이 너무 짧아서 못내 아쉬웠
다"라고 훈련기간이 부족했음을 실토하기도 했다.

포르투갈 세계청소년축구선수권대회의 코리아팀 구성은 '절
반의 실패' 아니 '절반의 성공'이라고 불러야 할 것 같다.

# 평창 동계올림픽에서 뭉친
# 여자아이스하키 남북단일팀

　　평창 동계올림픽 여자아이스하키 단일팀 구성은 성적보다는 올림픽의 영원한 기본정신인 '평화 구현'에 가장 큰 목적이 있었다. 거함 중국을 꺾고 우승을 차지한 1991년 지바 세계탁구선수권대회 남북단일팀이나 토너먼트(8강 이상) 진출을 목표로 한 1991년 포르투갈 세계청소년축구선수권대회남북 단일팀과는 달리, 여자아이스하키는 남한은 물론 북한도 수준이 매우 낮기 때문에 단일팀을 이루더라도 올림픽 무대에서 1승이라도 바라긴 힘들었다. 올림픽 사상 최초의 남북단일팀이라는 것만으로도 매우 의미가 있는 일이었다.

　　평창 동계올림픽 여자아이스하키 남북단일팀은 2017년 말까지만 해도 국내외 언론은 물론 남북 당사자들 간에도 전혀 언급되지 않았다. 사실 북한이 평창 동계올림픽에 참가할지도 확실치 않았다. 그런데 김정은이 2018년 1월 1일 신년사에서 평창 동계올림픽 참가를 시사하면서 그전부터 북한의 참가를 요청해왔던 정부가 곧바로 화답을 했고, 김정은의 신년사가 있은 지 불과 9일 만에 판문점에서 남북고위급회담이 열렸다.

남북고위급회담에서는 북한의 평창 올림픽 참가가 주 의제로 다뤄졌고, 이어서 개·폐회식 공동 입장, 한반도기, 〈아리랑〉 등이 거론되었다. 그때까지만 해도 남북 고위 인사들 사이에서는 올림픽 개막(2월 초)이 겨우 한 달밖에 남지 않아서 단일팀 구성은 어렵다고 봤다.

그러나 1월 12일 노태강 문화체육부 2차관이 언론사와의 인터뷰에서 "남북 여자아이스하키 단일팀 구성이 논의되고 있다"고 밝히면서 단일팀 구성이 급물살을 타기 시작했다. 또한 이기홍 대한체육회장이 "남한 선수들의 피해(엔트리에서 빠지게 되는)를 최소화하기 위해 국제올림픽위원회IOC와 국제아이스하키연맹IIHF에 남북한 아이스하키팀의 엔트리를 늘려 달라고 건의하겠다"고 말하면서 단일팀 구성은 점점 구체화되어갔다.

그러나 여론은 그리 좋지 않았다. 정부가 단일팀 구성을 정작 당사자들인 선수들과의 소통 없이 일방적으로 추진한 데 대한 반대여론이 거셌다. 이민지 선수가 자신의 인스타그램을 통해 "선수들에게는 아이스링크에서 뛰는 1분1초가 소중한데 어떻게 기회 박탈이 아니라고 할 수 있느냐"고 바른말을 하기도 했다.

말 잘하기로 정평이 나 있는 이낙연 국무총리가 "여자아이스하키는 어차피 메달권 밖에 있다. 단일팀 구성, 선수 개인 욕망 넘어 역사 만든다는 자부심을 가져달라"고 실언을 하면서 "메달권이 아니라서 만만하니 정치 협상 대상으로 삼은 것이냐"라는 식의 반발이 거셌다. 이낙연 총리는 그 후 "오해의 소지가 있었다는 것을 인정한다. 상처 받은 분들께 사과한다"며 자신의 잘못을 인정했다. 또한 야당에서는 너무 북한을 의식한다면서 '평창 올림픽'이 아니라 '평양 올림픽'이라고 비꼬았고, 여당에서는 무슨 소리냐 '평화 올림픽'이라고 맞받아치기도 했다.

우여곡절 끝에 남북 여자아이스하키 단일팀은 1월 20일 스위스에서 IOC가 주최한 '남북 올림픽 참가 회의'에서 최종 확정되었다. IOC의 바흐 위원장은 단일팀 구성이 확정되자 "올림픽 정신이 남북한을 하나로 모은 오늘은 매우 위대한 날"이라고 말했다. 평창 올림픽 개막식에 초대받은 슈뢰더 전 독일 총리는 "승리가 아닌 참여가 올림픽 정신이라 생각한다. 남북이 아이스하키 단일팀으로 참여한다는 말을 듣고 아주 기뻤다. 단일팀 경기를 평창에서 보게 되는 것이 의미 있는 일이라고 생각한다"고 평했다.

단일팀 구성 내용은 다음과 같았다. 우선 남한 선수들은 23명의 엔트리 그대로 모두 들어가고, 여기에 12명의 북한 선수가 가세해 코리아팀의 엔트리는 총 35명이 된다. 그리고 앤디 머리 여자아이스하키팀 감독은 매 경기마다 북한 선수 3명은 반드시 뛰도록 해야 한다는 것이었다. IOC와 국제아이스하키연맹이 엔트리

평창 동계올림픽 여자아이스하키 단일팀은 이전과 다르게 여론의 반발에도 부딪히고 성적도 좋지 않았지만, 교류의 증진과 평화의 구현이라는 스포츠의 중요한 목적에는 이바지할 수 있었다.(사진= 연합뉴스)

를 늘인 것은 형평성 문제가 있음에도 불구하고 흥행과 정치적 명분을 고려했다고 볼 수 있다.

그러나 속내를 들여다보면, 남북한의 아이스하키 수준이 너무 낮아서 엔트리를 늘리더라도 다른 팀에게 이기기 어렵다고 본 것이다.(여자아이스하키 세계랭킹은 남한이 22위, 북한이 25위를 기록하고 있었다.) 만약 엔트리를 늘렸을 때 여자아이스하키 남북단일팀이 미국·일본·캐나다 등을 이길 수 있는 전력이 된다면 국제아이스하키연맹이 받아들이지 않았을 것이다. 또한 비록 '대회 엔트리'는 35명이지만 '매 경기 출전 엔트리'는 다른 나라와 마찬가지로 22명으로 제한했음은 물론이다.

코리아팀의 영문 약칭은 'KOR'이 아니라 옛날 고려를 지칭했던 프랑스어 'CORÉE'에서 따 'COR'로 하기로 남북이 합의를 봤다. 코리아팀이 본격적으로 가동을 시작한 것은 1월 25일 남한 선수들이 훈련을 하고 있던 진천선수촌에 북한 선수들 12명이 합류하면서부터였다. 남북한 선수들은 처음에는 사용하는 아이스하키 용어도 다르고 분위기도 어색했지만, 생일 파티도 해주며 이내 언니 동생 하는 가운데 서서히 하나가 되어갔다.

코리아팀의 첫 경기는 2월 10일 B조 1차전 스위스전이었다. 문재인 대통령과 김정은의 친동생 김여정이 함께 응원하러 왔다. 세계랭킹 7위 스위스와의 경기는 역시 수준차를 극복하지 못하며 8골을 허용하고 단 한 골도 넣지 못하는 완패였다. 1차전 참패를 당한 후 이틀 만인 2월 12일 치러진 세계랭킹 5위 스웨덴과의 경기에서도 역시 8골을 내주고 한 골도 넣지 못했다.

이제 코리아팀은 승리는 둘째치고 언제 골 맛을 볼 수 있느냐가 관심거리였다. 2월 14일 일본과의 경기에서 드디어 첫 골이 터졌지만 4골을 허용해서 1대4로 패해 3연패를 당했다. 2월 18일 있었던 스위스와의 순위 결정전에서 코리아팀의 수비력은 많이 좋아졌지만 역시 0대2로 패해 하위전으로 밀려났다. 2월 20일 스웨덴과의 7,8위전에서도 1대6으로 대패해 코리아팀은 예선리그와 순위결정전까지 5전 전패를 당하면서 2골만을 넣고 28골을 허용하는 최하의 경기력을 보여주었다.

남북 아이스하키 단일팀 결성 이전에는 비판 여론이 더 많았다. 그러나 평창 올림픽이 끝난 후에는 이전보다 우호적인 여론이 많이 늘었다. AFP, 신화사통신, AP 등의 외신들도 대체적으로 좋게 보도를 했다. 그리고 선수들도 같이 훈련하면서 정이 많이 들었는지 헤어질 때 눈물을 흘리며 다시 만날 것을 기약하면서 아쉬워했다.

# 자카르타-팔렘방 아시안게임
# 카누 용선 금메달

2018년 자카르타-팔렘방아시안게임에는 카누 용선(드래곤보트), 조정, 여자농구 등 6개 세부 종목에서 단일팀(팀명은 코리아)이 이뤄졌다. 그 가운데 여자카누 용선에서 금메달을 획득하는 쾌거를 올렸다.

용선은 카누의 세부 종목으로, 2010년 광저우 아시안게임 때 정식 종목으로 채택이 되었다. 세계적으로는 동남아의 수준이 높아 세계선수권대회에서 메달을 휩쓸고 있기 때문에, 아시안게임 상위 입상은 곧바로 세계대회에서도 상위권 진입이 가능하다는 뜻으로 볼 수 있다.

용선은 용 모양의 한 배에 12명의 선수가 올라타는데, 10명이 노를 젓고 한 명은 뱃머리에 앉아서 박자를 맞추는 역할을 하며 이를 '드러머' 또는 '북잡이'라고 부른다. 그리고 꼬리 부분에는 방향을 조절하는 '키잡이'가 탄다.

아시안게임을 앞두고 카누 용선 남녀 코리아팀은 각각 8명씩 모두 16명이 한 팀을 이뤄 7월 30일부터 충주 탄금호 국제조정경기장에서 합동훈련을 했었다. 남자는 200$m$, 500$m$, 1000$m$에, 여자는 200$m$, 500$m$에 나가 모두 5종목에 출전했다.

8월 26일 팔렘방의 자카바링 스포츠시티에서 여자카누 용선 500$m$ 결승이 벌어졌다. 전날 200$m$에서 동메달을 딴 코리아팀은 2분24초788을 기록, 2분25초092에 그친 우승후보 중국을 0.304초 차이로 제치고 대망의 금메달을 획득했다.

용선 코리아팀은 그밖에 남자 1000$m$와 여자 200$m$에서 동메달을 따서, 모두 금메달 1개 동메달 2개를 획득했다.

# 가능성 보인
# 남자핸드볼 단일팀

남북단일팀 구성은 2019년에도 이어졌다. 그 주인공은 남자핸드볼이었다. 독일과 덴마크에서 벌어진 제26회 세계남자핸드볼선수권대회에 남북단일팀을 이뤄 출전했다.

남자핸드볼은 1988년 서울 올림픽에서 은메달을 땄고, 이후 아시아 정상을 지켜오다가 2000년대 접어들면서 오일달러를 등에 업은 중동세에 밀려 아시아권에서도 메달을 따기가 어렵게 되었다. 그러나 2018년 1월 수원에서 벌어진 아시아남자핸드볼선수권대회에서 카타르와 사우디아라비아에 이어 동메달을 따서, 2019년 독일-덴마크 세계선수권대회 출전권을 확보했다.

남자핸드볼 단일팀 구성은 2018년 5월 초, 국제핸드볼연맹IHF의 제안으로 시작되었다. IHF는 단일팀 선수엔트리를 16명에서 20명으로 확대하는 등의 혜택을 주겠다며 단일팀 구성을 적극적으로 권했다. 대한핸드볼협회는 IHF의 엔트리 확대 제의를 받아들이면서 남북교류 상황에 맞춰 준비를 해왔다.

그 후 남북 체육분과 회담과 국가올림픽위원회연합회ANOC 총회에서 단일팀 합의와 합동훈련에 대한 논의가 이뤄졌고, 대회가 열리는 독일에 20여 일 앞서 도착해 현지훈련을 진행하는 것으로 합의를 보았다.

조영신 감독이 이끄는 한국은 12월 17일 진천에 모여서 훈련을 시작했고, 22일 대회가 열리는 독일로 떠났다. 12월 22일 독일 현지에서 북한선수 4명이 합류해, 비로소 20명이 한데 모여 합동훈련을 시작했다. 북한의 신명철 코치도 합류하여 조영신 감독과 남한의 강일구, 백원철 코치와 함께 코치진도 꾸렸다.

독일-덴마크 세계선수권대회는 각 대륙에서 예선을 통과한 24개국이 출전, 6개팀씩 4개조로 나눠서 각조 3위까지 12팀이 2라운드에 진출하는 방식이었다.

코리아팀은 첫 경기에서 세계랭킹 1위이자 개최국인 독일에 19대30, 11점차로 완패를 당했다. 코리아팀과 독일의 개막전에는 독일 출신의 토마스 바흐 IOC 위원장을 비롯해 프랑크-발터 슈타인마이어 독일 대통령, 대한핸드볼협회 최태원 회장 등이 관전을 했다.

하지만 코리아팀의 성적은 좋지 않았다. 러시아(34대27), 프랑스(34대23), 세르비아(29대31) 그리고 만만한 상대로 생각했었던 브라질에게도 26대35로 완패를 당해 5전 전패로 A조 최하위에

코리아팀의 조태훈(남한) 선수가 독일에서 열린 세계선수권대회에서 홈팀 독일을 상대로 슛을 시도하고 있다. 독일도 동독과 서독으로 갈라져 있던 시절 스포츠 단일팀 구성부터 시작해 통일을 준비해나갔다. 남북의 단일팀 구성도 평화통일로 가는 첫걸음일 것이다.(사진=연합뉴스)

머물렀다. 다섯 경기 가운데 세르비아전은 이길 수도 있는 경기였는데, 경기 막판 집중력 저하로 아깝게 2골 차로 패하고 말았다. 다만 21~24위 순위 진출전에서 일본을 27대25로 이겨서 의미 있는 1승을 올릴 수 있었다. 그러나 21~22위 결정전에서 사우디아라비아에 26대27 한 골 차로 패한 것이 두고두고 아쉬웠다.(대회 결승전은 덴마크와 노르웨이가 맞붙어서 덴마크가 노르웨이를 31대22로 제압하고 우승을 차지했다.)

코리아팀은 세계선수권대회에서 비록 하위권에 그쳤지만 남북이 하나가 되기 위한 한 걸음을 더 내디딘 것으로 만족해야 할 것 같다.

마르크 쇼버 독일핸드볼협회장은 핸드볼 월드뉴스와의 인터뷰에서 "남북 단일팀 출전과 같은 특별한 일이 다른 곳도 아니고 베를린에서 일어나고 있는 것을 주시해야 한다. 나는 독일 통일 당시의 감동을 지금도 기억하고 있다"며 의미를 부여했다.

# 남북 유도 단일팀
# 혼성 단체전 메달

　남북단일팀 구성은 탁구·축구·카누·핸드볼 등에 이어 격투기 종목인 유도에까지 이어졌다.

　대한유도회와 북한의 유술(유도)협회는 1990년대부터 꾸준히 단일팀을 추진해오고 있었다. 남북이 긴장상태에 놓여 있을 때도 남북의 유도인들은 각종 크고 작은 대회가 열릴 때마다 만나서 반갑게 인사를 나누고 안부를 주고받는 것은 물론 경기 정보도 공유하곤 했었다.

　1998년 벨라루스 월드컵대회, 2003년 일본 오사카 세계선수권대회, 2005년 이집트 카이로 세계선수권대회 때는 단일팀 구성을 논의하다 막판에 무산되기도 했었다. 2018년 8월 몽골에서 열린 제11회 동아시아유도선수권대회에서는 양측이 단일팀을 꾸리기로 합의했지만, 대회 개막을 앞두고 한반도기에 독도를 표기해야 한다는 남북의 입장을 대회 조직위원회가 받아들이지 않으면서 무산되기도 했다.

그러다 2018년 아제르바이잔 세계유도선수권대회에서 드디어 단일팀이 이루어졌다. 국제유도연맹은 본래 선수 6명에 후보 선수 6명으로 구성되는 엔트리를 확장해 18명(선수 6명, 후보 선수 12명)으로 구성하는 걸 승인해줌으로써 단일팀 구성으로 한국 선수들이 피해를 보는 것을 최소화할 수 있게 해주었다.(다만 남북간의 유도 실력 차를 감안해 6명의 출전 선수 엔트리를 '남한 5명, 북한 1명'으로 구성했다. 따라서 혼성 단체전 각 경기에는 북한 선수가 한 명만 출전했다.) 그리고 이 대회에서 남북 유도 단일팀은 결국 혼성 단체전에서 동메달을 따는 데 성공했다.

혼성 단체전 준결승 상대는 일본이었다. 첫번째 경기인 여자 70kg 이상급에서 충북도청의 한미진 선수가 일본의 소네 아키라에 업어치기 한판 패를 당했다. 두번째로 나선 남자 90kg 이상급 유망주 보성고등학교의 김민종이 하라사와 히사요시에 반칙으로 패배했고, 세번째 선수로 나선 북한의 김진아가 여자 57kg급에서 요시다 쓰카사에 한판 패로 무릎을 꿇었다. 네번째 시합인 남자 73kg급에서 용인대학의 안준성마저 다쓰카와 아라타에 패하고 말았다.

단일팀은 이제 동메달 결정전으로 밀려, 유럽 유도강국 독일과의 경기를 남겨놓게 되었다. 독일전에서 첫번째 선수로 나선 남자 90kg 이상급의 김민종은 스벤 하인올레를 업어치기 한판으로 꺾어 기분 좋은 출발을 했다. 여자 57kg급에서 북한의 김진아 선수 대신에 안산시청의 권유정이 출전해서 독일의 에이스 아멜리 슈톨을 만났다. 경기 도중 어깨가 빠지는 부상을 입었음에도 투혼을 발휘해 업어치기로 절반을 따내서 이겼다.

준결승에 나서지 못했던 한국 유도 남자 73kg급 간판 남양주시청의 안창림은 세번째 선수로 출전해 이고르 반트케에 업어치기 되치기 절반승을 거둬 3승째를 올렸다. 이제 단일팀의 승리를 결정지을 4번째 경기에서 북한의 여자 70kg급 선수 권순용이 나섰다. 권순용은 2016년 리우데자네이루올림픽 동메달리스트인 독일의 라우라 바르가스 코흐를 업어치기 절반승으로 제압해 남북단일팀에 동메달을 선사했다.

# 도쿄 올림픽을 준비하는 남북단일팀

2020년 도쿄 하계올림픽에는 하계올림픽 사상 처음으로 남북단일팀이 출전할 예정이다. 남북은 2018년 두 차례의 체육분과회담(11월 2일과 12월 4일)을 통해 도쿄 올림픽 단일팀 구성과 2032년 올림픽 공동유치를 논의해왔다. 그리고 2019년 2월 15일 남북한 올림픽위원회와 IOC 실무위원회의 3자 간 실무 회의에서 남북이 4개 종목에서 단일팀으로 출전하기도 합의했다. 이 안이 3월에 IOC 총회에서 승인됨으로써 단일팀 출전의 길이 열렸고, 이제는 실무협의를 남겨놓고 있다.

도쿄 올림픽에 단일팀으로 출전하는 종목은 여자농구, 여자하키, 조정 그리고 유도까지 4종목이다. 4종목 모두 남북단일팀이 올림픽 예선(출전권 확보)부터 본선까지 한 팀으로 움직인다.

여자농구는 올림픽 본선에 12개국만 출전하기 때문에 우선 올림픽 본선 출전권을 따내는 것이 급선무다. 여자농구 자카르타-

# 남북, 도쿄올림픽서 4개 종목 같이 뛴다

스위스 로잔 IOC 3자회동서 합의
女농구·女하키·유도·조정 확정
종목별 예선 통과해야 본선참가

남과 북, 그리고 국제올림픽위원회(IOC)가 2018 평창동계올림픽에 이어 사상 두 번째로 올림픽 남북 단일팀 구성에 최종 합의했다. 여자 농구와 여자 하키, 유도, 조정 4개 종목별 예선을 통과해 출전권을 획득해야 오는 2020년 도쿄하계올림픽에서 단일팀을 볼 수 있다.

도종환 문화체육관광부 장관과 김일국 북한 체육상은 15일(한국시간) 스위스 로잔의 IOC 본부에서 토마스 바흐 IOC 위원장과 3자 회동을 갖고 내년 7월 열릴 도쿄올림픽의 남북 단일팀 종목으로 여자 농구 등 4개 종목을 결정했다. 남북이 올림픽 단일팀을 구성하는 것은 지난해 평창올림픽의 여자 아이스하키에 이어 두 번째다. 4개 종목 단일팀 구

토마스 바흐(가운데) 국제올림픽위원회(IOC) 위원장이 15일 2020년 도쿄 올림픽 단일팀 종목을 발표하고 있다. 왼쪽은 도종환 문화체육관광부 장관, 오른쪽은 김일국 북한 체육상. /연합뉴스

성은 지난해 자카르타·팔렘방 아시안게임 때의 여자 농구, 카누, 조정 3개 종목을 뛰어넘는 국제대회 단일팀 사상 최대 규모다.

하지만 이 4개 종목 단일팀의 도쿄올림픽 참가가 당장 결정된 것은 아니다. 종목별 예선을 통과하는 등의 방식으로 올림픽 본선 출전권을 따내야 단일팀 간판을 걸고 도쿄땅을 밟을 수 있다.

지난해 아시안게임에서 단일팀으로 은메달을 딴 여자 농구는 9월 아시안컵에서 8강에 들어야 올림픽 2차 예선인 11월 프레올림픽 뛸리파잉 대회 출전 자격을 얻는다. 또 이 대회 4강에 들어야만 최종 3차 예선에 나갈 수 있고 최종 예선에서는 16개국이 10장의 본선행 티켓을 놓고 다툰다. 한국은 지난 2012년 런던, 2016년 리우데자네이루 올림픽에서 지역 예선을 통과하지 못했다. 북한과 힘을 합쳐 전력을 끌어올리려면 이른 시일 안에 합동 훈련을 시작해야 할 것으로 보인다.

남북과 IOC 3자는 도쿄올림픽 개막식 남북 공동 입장에도 합의했으며 2032년 하계올림픽 서울·평양 공동 유치 의향서도 바흐 위원장에게 전달됐다. 도 장관은 "남북이 도쿄올림픽에서도 단일팀을 구성하고 2032년 올림픽을 공동 유치하겠다는 것을 설명한 것이 성과"라며 "IOC는 2032년 올림픽 공동 유치를 환영한다는 입장을 밝혔다"고 설명했다.

/양준호기자

남북은 2020년 도쿄 올림픽에서 4개 종목에 단일팀을 출전시키기로 합의를 보았다. 일찍이 동서독으로 갈라져 있던 독일도 1956년 멜버른 올림픽 때부터 올림픽 단일팀을 출전시키면서 두 나라 관계를 진전시켜왔던 역사가 있다. 올림픽 단일팀은 남북관계에 또다른 전기가 될 것이다.(서울경제, 2019년 2월 16일)


팔렘방 아시안게임 때 이미 단일팀을 이뤄본 경험이 있어 북한 선수들의 실력도 어느 정도 확인이 됐다. 특히 북한의 로숙영 선수는 당장 여자프로농구 어느 팀에 속하더라도 주전으로 뛸 수 있을 정도로 높은 기량을 갖고 있다. 또한 남한의 에이스인 박지수의 기량이 일취월장하고 있기 때문에 적어도 골밑 싸움만큼은 세계 12강 안에 들 수 있을 것으로 예상된다.

2018년 11월 국제하키연맹FIH 총회 때 남북단일팀 구성에 공

감대를 형성한 여자하키도 올림픽 출전권 획득 단계부터 단일팀으로 참가한다. 여자하키는 여자농구보다 올림픽 본선 진출 가능성이 높다. 그리고 2018년 9월 세계선수권대회 혼성단체전에서 남북이 동메달을 합작했던 유도와 2018년 아시안게임에서 남북이 호흡을 맞췄던 조정도 단일팀을 이뤄 도쿄에 간다.

도쿄 올림픽에서는 사상 12번째로 남북이 공동입장을 하는데, 이번에는 기수가 한반도기를 들고 순서에 따라 남남북녀로, 즉 남쪽이 남자 기수, 북쪽이 여자기수를 내세우게 된다.

도쿄 올림픽은 남한·북한·일본 모두에게 매우 의미 있는 대회다. 우선 개최국 일본으로서는 1964년 도쿄 올림픽 이후 56년 만에 두번째 개최하는 대회다. 일본은 예전 도쿄 올림픽 때는 종주국 위치에 있는 유도와 세계정상권에 올라 있는 배구를 처음으로 정식 종목으로 채택하면서 많은 메달을 노렸었다. 그러나 여자배구는 금메달을 땄지만 남자배구는 동메달에 그쳤고, 유도에서도 4개의 금메달 중 3개를 따는 것으로 만족해야 했다. 당시 일본은 금메달 16개를 땄지만, 미국과 소련에 이어 종합 3위에 머물렀다.

이번 2020년 도쿄 올림픽에서 일본은 종합 1위에 다시 도전한다. 가라데를 처음 정식 종목으로 넣는 데 성공했고, 금메달이 유력한 야구도 다시 정식종목으로 채택되도록 했다. 그밖에 금메달 6개 이상이 기대되는 유도와 최근 실력이 급격히 올라오고 있는 탁구·배드민턴·레슬링과 남녀 축구 등에서 최소 30개 최대 33개 이상의 금메달을 거둬 미·중과 함께 종합 1위를 다퉈볼 만하다고 보는 것이다.

한국으로선 최근 체육계에서 불거진 미투 사건 등으로 엘리트 체육이 위축된 가운데 좋은 올림픽 성적으로 분위기를 전환시킬 계기가 절실한 상황이다. 북한은 전통적으로 강한 레슬링·역도·복싱·유도 등에서 5개 이상의 금메달로 올림픽 출전사상 최고의 성적을 거둘 것을 기대하고 있다.

# 이제는 관례가 된
# 남북한 공동입장

이제 올림픽이나 아시안게임에서 남북한이 공동입장하는 것은 관례가 되어가는 듯하다.

2018년 8월 18일 밤 9시, 자카르타의 겔로라 붕 카르노 스타디움에서 열린 자카르타-팔렘방 아시안게임 개회식, 대한민국 선수단은 조선민주주의공화국 선수단과 함께 공동입장했다. 남한의 농구선수 임영희와 북한의 축구선수 주경철이 나란히 한반도기를 들었다. 남북 선수 각각 100명씩으로 구성된 200명의 선수단은 〈아리랑〉이 울려 퍼지는 가운데 한반도기를 앞세우고 '코리아 COREA'란 이름으로 함께 입장했다.

국제 스포츠 경기대회에서 남북이 공동입장한 것은 지난 2000년 시드니 하계올림픽이 최초였다. 당시 남북 선수단은 하얀색 바탕에 한반도가 새겨진 '한반도기'를 들고 공동입장해 전세계의 주목을 받았다. 당시 후안 안토니오 사마란치 IOC 위원장은 남북 선

시드니 올림픽 개막전에서 최초로 이루어진 남북한 공동입장. 같은 깃발 아래 같은 국가를 들으며 같은 국호로 함께 입장하는 이런 모습은, 적어도 스포츠 무대에서만큼은 남북이 하나라는 것을 전 세계에 공표하는 것으로 볼 수 있다.

수단의 공동 깃발로 올림픽을 상징하는 '오륜기'를 제안했지만, 김운용 전 대한체육회장과 북한의 장웅 전 IOC 위원은 한반도기를 들겠다는 입장을 고수했다. 당시 남한의 기수는 여자농구대표팀의 정은순 선수였고, 북한은 185cm의 정은순에 어울릴 만큼 키가 큰 선수가 없어 박정철 유도감독이 기수로 나섰다. 그 후 남북은 국제대회에 공동입장할 때마다 '한반도기'를 들었다.

지금까지 남북한은 모두 11차례 공동입장을 했다. 앞서 언급했듯이 지난 2000년 시드니 하계올림픽을 시작으로 2002년 부산 하계아시안게임, 2003년 아오모리 동계아시안게임과 대구 하계유니버시아드, 2004년 아테네 하계올림픽, 2005년 마카오 동아시안게임, 2006년 토리노 동계올림픽과 도하 하계아시안게임, 2007년 창춘 동계아시안게임 그리고 2018년 평창 동계올림픽과 자카르타-팔렘방 아시안게임까지 모두 11번이나 하나가 되었다.

특히 2007년 창춘 동계아시안게임 이후로부터 따지자면 무려 11년 만에 2018년 평창 동계올림픽과 자카르타-팔렘방 아시안게임에서 하나가 된 셈이다. 앞으로 2020년 도쿄 올림픽에서도 별다른 일이 발생하지 않는 한 개회식에서 남북한이 하나가 돼서 입장하게 될 것으로 보인다. 도쿄 올림픽에서는 순서에 따라 남남북녀가 기수가 될 것이다.

# 2032년 하계올림픽,
# 남북공동 개최가 가능할까

2019년 2월 15일 도종환 문화체육관광부 장관과 북한의 김일
국 체육상이 스위스 로잔의 IOC 본부에서 2032년 하계올림픽을
서울과 평양이 공동으로 유치하겠다는 의향서를 토마스 바흐 IOC
위원장에게 전달했다.

이제 본격적으로 하계올림픽 서울·평양 공동 개최 유치전이
시작된 것이다. 만약 성사된다면 남북 스포츠사는 물론 한반도 역
사에 매우 큰 의미를 지닌 일대 사건이 될 것이다. 가능성은 높다.
2020년 올림픽이 도쿄(아시아), 2024년 올림픽이 파리(유럽), 2028
년 올림픽이 로스앤젤레스(북미)에서 열리기 때문에 2032년 올림
픽의 서울·평양 공동 유치는 '같은 대륙 연속 개최 금지'에 걸리
지 않는다. 따라서 아시아나 아프리카가 개최 대륙이 될 가능성이
높은데, 현재로서는 아프리카에서 개최를 희망하는 나라가 없다.

2032년 올림픽은 서울·평양 외에 한 번도 올림픽을 개최한 적

이 없는 인도와 인도네시아, 1936년 베를린 올림픽과 1972년 뮌헨 올림픽을 개최한 독일 그리고 2008년 베이징 올림픽을 개최한 중국, 1956년 멜버른 올림픽과 2000년 시드니 올림픽을 개최한 호주 등이 유치 의사를 밝혔다.

서울·평양 공동개최는, 요즘 IOC의 트렌드로 떠오르고 있는 '공동개최'이면서 분단국가가 하나가 돼서 올림픽을 개최한다는 '스포츠를 통한 평화구현'의 의미도 담고 있어 다른 도시들보다 명분 측면에서 유리하다.

지난 1988년 서울 올림픽 때도 당시 고故 후안 안토니오 사마란치 IOC 위원장의 제안으로 '평양 일부 분산 개최'를 하려고 했었다. 당시 한국은 처음에는 단독 개최를 주장하다가 결국 IOC의 중재안을 받아들여 축구·양궁·사이클 등 몇몇 종목의 예선을 북한에 배정하겠다고 한발 물러섰다. 남과 북이 1985년 10월부터 이듬해 7월까지 10개월 가까이 스위스 로잔 IOC 본부를 오가며 4차례에 걸친 남북체육회담을 하며 의견 차이를 좁혀갔지만, 최종적으로 북측이 올림픽 자체를 보이콧하는 바람에 무산되었다.

서울시는 공동개최 비용으로 약 6조 원 가까이 들 것으로 보고 있다. 그 가운데 남한이 약 4조 원 그리고 북한이 대략 2조 원을 내는 등 2대1의 비율로 남한이 더 부담해야 한다고 보고 있다.

IOC에서는 최근 올림픽 개최도시에 1~2조 원의 지원금을 주고 있기 때문에 만약 남북공동 개최가 성공이 된다면 개최비용은 더 줄어들 수 있다. 서울에는 또 잠실 메인스타디움과 야구장, 실내체육관 그리고 올림픽공원 등과 같은 서울 올림픽의 유산이 남아 있기 때문에 인프라에 들어가는 비용을 대폭적으로 줄일 수 있다.

2032년 서울·평양 하계올림픽 유치에 성공할 경우 서울시의 구체적인 대회운영 방안은 다음과 같다. 물론 서울과 평양이 합의하는 것을 전제로 33개 종목 중에 육상·수영·태권도·축구 등 5개 종목은 남북이 함께 개최하고, 사이클·철인3종 등 18개 종목은 서울, 나머지 10개 종목은 평양이 맡는 것이다.

특히 계획대로 DMZ에서 남녀 마라톤 레이스를 하게 된다면 세계적인 관심을 모을 것으로 예상된다. 6·25전쟁 이후 수십 년간 보존된 DMZ의 아름다운 자연환경이 처음으로 세계인들 앞에 모습을 드러내는 것이다. 공동개최 종목인 육상은 잠실주경기장(서울)과 김일성경기장(평양), 수영은 올림픽잠실수영장(서울)과 수영경기관(평양), 태권도는 KBS체육관(서울)과 태권도전당(평양), 축구는 남한에서는 상암월드컵경기장 등 6개와 북한의 5·1경기장 등을 활용할 예정이다.

평양 단독 개최 종목은 북한에서 비교적 인기가 있거나 메달 가능성이 높은 종목인 농구(류경정주영체육관), 체조(김일성종합대체육관), 레슬링(청춘거리 중경기장) 등이다. 남측 주경기장은 2028년까지 리모델링을 마치게 될 잠실종합운동장이 된다. 대회 현황을 전세계에 타전할 프레스센터는 코엑스, 또는 남북간 원활한 이동에 이점이 있는 일산 킨텍스가 후보로 꼽히고 있다.

# 부록1: 북한의 종목별 스포츠 용어

북한의 스포츠용어는 국제공용어를 그대로 쓰지 않고 '주체식 표기법'을 적용하고 있기 때문에 귀에 익숙하지 않은 낯선 용어들이 많다. 예를 들어 모든 스포츠에서 공통으로 쓰이는 '기둥선수'는 '스타플레이어'를 뜻한다.

1997년 1월부터 국제대회에 출전하는 선수들이 불편을 겪는 경우가 많아서 가능한 한 국제식 스포츠 용어를 쓰도록 하고 있으나 아직도 북한식 용어를 많이 쓰고 있다.

| 국제식 용어 | 북한식 용어 |
| :---: | :---: |
| 축구 | |
| 골키퍼 | 문지기 |
| 포워드 | 몰이꾼 |
| 수비수 | 방어수 |
| 크로스바 | 가로막대 |
| 골포스트 | 축구문 |
| 패스 | 연락 |
| 롱패스 | 긴연락 |
| 슛 | 차넣기, 차기 |
| 드로우인 | 던져넣기 |

| | |
|---|---|
| 헤딩 | 머리받기 |
| 오버헤드 킥 | 머리넘겨차기 |
| 트래핑 | 멈추기 |
| 센터링 | 중앙으로 꺾어차기 |
| 코너킥 | 구석차기 |
| 프리킥 | 벌차기 |
| 페널티킥 | 11미터벌차기 |
| 태클 | 다리걸기 |
| 오프사이드 | 공격어김 |
| 옐로우카드 | 경고표 |
| 레드카드 | 퇴장표 |
| **농구** | |
| 드리블 | 곱침 |
| 슛 | 던져 넣기 |
| 덩크 슛 | 꽂아 넣기 |
| 자유투 | 벌 넣기 |
| 골밑 슛 | 륜밑투사 |
| 바스켓 | 롱구 륜 |
| 가드 | 방어수 |
| 포워드 | 공격수 |
| 센터 | 중앙공격수 |
| 3점슛 | 장거리 넣기 |
| 어시스트 | 득점연락 |
| 리바운드 | 판공 잡기 |
| 인터셉트 | 공 빼앗기 |
| 더블드리블 | 몰기 실수 |

| | |
|---|---|
| 워킹 바이얼레이션 | 걷기 실수 |
| 작전타임 | 순간 휴식 |
| **야구** | |
| 투수 | 넣는 사람 |
| 포수 | 받는 사람 |
| 타자 | 치기수 |
| 주자 | 진격수 |
| 수비수 | 자리지기 |
| 내야수 | 안마당지기 |
| 외야수 | 바깥마당지기 |
| 베이스 | 진 |
| 홈 | 본진 |
| 스트라이크 | 정확한 공 |
| 볼 | 부정확한 공 |
| 아웃 | 실격 |
| 더블플레이 | 이중 실격 |
| 도루 | 훔침 |
| 야구배트 | 야구봉 |
| 번트 | 살짝 치기 |
| **배구** | |
| 네트 | 배구 그물 |
| 스파이크 | 때리기 |
| 블로킹 | 공 막기 |
| 오버타임 | 네 번 치기 |
| 페인트 | 살짝 공 |
| 홀딩반칙 | 머물기 |

| | |
|---|---|
| 네트터치 | 그물 다치기 |
| 속공 | 빠른공 때리기 |
| **탁구** | |
| 라켓 | 판떼기 |
| 드라이브 | 감아치기 |
| 리시브 | 받아치기 |
| 스매시 | 때려 넣기 |
| 스카이 서브 | 던져 처넣기 |
| 포핸드 | 바로 쳐 넣기 |
| **복싱** | |
| 잽 | 앞 손 |
| 스트레이트 | 뻗어치기 |
| 어퍼컷 | 올려 치기 |
| 훅 | 휘어 치기 |
| KO | 완전 넘어뜨리기 |
| **골프** | |
| OB | 경계선 밖 |
| 아이언 | 쇠채 |
| 우드 | 나무 채 |
| 드라이버 | 가장 긴 나무 채 |
| 홀 | 구멍 |
| 벙커 | 모래웅덩이 |
| 해저드 | 방해물 |
| **겨울 스포츠** | |
| 아이스하키 | 빙상 호케이 |

| | |
|---|---|
| 스피드 스케이팅 | 속도빙상 |
| 쇼트트랙 스피드스케이팅 | 짧은 주로 속도빙상 |
| 바이애슬론 | 스키 사격경기 |
| 알파인 스키 | 고산스키 경기 |
| 스키 크로스컨트리 | 스키 거리경기 |
| 스키 점프 | 스키 조약경기 |
| 피겨 스케이팅 | 휘거스케트 경기 |

# 부록2: 북한 스포츠의 로컬 룰

### 농구에서 마지막 2초 전에 넣는 골은 모두 8점

김정일이 창안 한 것으로 알려진 농구의 8점 슛이 전형적인 로컬 룰이다.

북한에서는 농구경기 종료 2초전에 슛을 성공시키면 무조건 8점을 준다. 그래서 북한 농구에선 8점차까지는 마지막까지 승부를 알 수 없다.

또한 자유투를 실패하면 1점을 감점하는 규정이 있어서, 자유투를 최대한 신중하게 잘 넣은 것이 중요하다. 그리고 덩크슛도 3점을 준다.

4점 슛 제도도 있다. 원래의 3점슛 라인인 6.25$m$보다 먼 6.7$m$에서 슛을 넣을 때나 슛이 림이나 백보드를 맞지 않고 깨끗하게 들어가는 '클린 슛'의 경우 4점으로 인정된다.

### "5알 먼저 주라우"

북한 인민들은 축구와 탁구를 가장 많이 즐긴다. 특히 탁구의 경우 탁구 테이블이 비교적 많이 보급되어 있어서 점심식사 후 또는 주말을 이용해 즐기곤 한다.

그런데 김정일 시절에 그가 한 말 때문에 남녀의 탁구 대결 때 남자팀이 여자팀에게 5점을 먼저 주는 것이 관례화되어 있다.

어느 날 김정일이 옷 공장 시찰을 하다가 남녀 노동자가 2명씩 짝을 이뤄서 복식경기를 하는 것을 보게 되었는데, 그때 "남자 팀이 여자 팀한테 5알 먼저 주라우!"라고 지나가는 말처럼 한 게 룰처럼 되었다고 한다.

그래서 북한은 남녀복식뿐만 아니라 단식을 할 때도 비슷한 실력일 경우 남자가 여자에게 5점을 먼저 주고 시작한다.

북한 생활 탁구는 아직도 과거처럼 21점제다.


## 축구에서 2점제가 실시될 뻔

김정일 시절에 '축구 룰'도 바뀔 뻔했다. 2011년 여름, 김정일이 축구의 장거리 슛에 가산점을 주는 방안을 연구해보라고 지시를 했기 때문이다. 그래서 이런 식의 변경안이 제안되었다.

1. 페널티 에어리어 밖에서 슛을 성공시키면 2점

2. 골대와의 거리가 $20m$ 이상 되는 곳에서 중거리 슛을 성공 시키면 2점

3. 페널티 킥을 성공시키면 2점이 아니라 0.5점으로

하지만 룰 변경은 결국 이뤄지지 않았는데, 김정일의 몸이 급격히 나빠지면서 스포츠에 관심을 둘 여지가 없었기 때문이었다고 한다. 김정일은 2011년 12월 19일 1시 54분에 사망했다.

## 김정일이 만든 육상 1㎞ 달리기

유럽육상의 1마일 경주는 매우 인기가 있다. 1마일을 $km$로 환산하면 1.60934$km$다 대략 1.6$km$라고 보면 된다.

유럽스포츠에 관심이 많은 김정은이 1마일 경주가 인기가 많다는 데 창안을 한 육상 경기가 바로 1$km$ 경기다. 1$km$경기는 육상 경기에 없다. 물론 올림픽에도 들어 있지 않다. 다만 스피드스케이팅과 쇼트트랙 스피드 스케이팅에는 있다.

중거리 전문인 800$m$, 1500$m$ 선수들이 주도 도전하는데, 때로는 단거리에 해당되는 400$m$나 5000$m$(여자의 경우 3000$m$) 전문 선수가 우승을 하는 경우도 있다고 한다.